머리가 좋아지는 창의력 성경

꼭꼭 씹어 먹는
구약 4

시무엘, 열왕기

차영회 지음

바이블하우스

머리가 좋아지는 창의력 성경

꼭꼭 씹어 먹는 **구약 4**

초판 1쇄 발행 | 2013년 12월 17일
초판 2쇄 발행 | 2021년 3월 5일

지은이 | 차영회
펴낸이 | 박종태
펴낸곳 | 바이블하우스
등 록 | 2016년 6월 29일(제410-251002010000194호)
주 소 | 경기도 고양시 일산서구 송산로 499-10
전 화 | (031) 907-3927
팩 스 | (031) 905-3927
전자우편 | visionbooks@hanmail.net
디자인 | 참디자인 (02) 3216-1085

보급처 | (주)비전북 (031) 907-3927

ⓒ차영회
ISBN 978-89-97054-07-7 63230
(세트) 978-89-965295-7-6 63230

『꼭꼭 씹어 먹는 성경시리즈』 발행 계획

	구분	꼭꼭 씹어 먹는 성경시리즈	내용
1	구약 7권	꼭꼭 씹어 먹는 구약 1 창세기	창세기
2		꼭꼭 씹어 먹는 구약 2 출애굽기, 레위기, 민수기	출애굽기, 레위기, 민수기
3		꼭꼭 씹어 먹는 구약 3 신명기, 여호수아, 사사기, 룻기	신명기, 여호수아, 사사기, 룻기
4		꼭꼭 씹어 먹는 구약 4 사무엘, 열왕기	사무엘상하, 열왕기상하
5		꼭꼭 씹어 먹는 구약 5 역대기부터 에스더까지	역대상하, 에스라, 느헤미야, 에스더
6		꼭꼭 씹어 먹는 구약 6 욥기부터 예레미야까지	욥기, 시편, 잠언, 전도서, 이사야, 예레미야
7		꼭꼭 씹어 먹는 구약 7 에스겔부터 말라기까지	에스겔, 다니엘, 호세아, 요엘, 아모스, 요나, 미가, 오바댜, 나훔, 학개, 하박국, 스바냐, 스가랴, 말라기
8	신약 5권	꼭꼭 씹어 먹는 신약 1 예수님이야기 1 (4복음서)	마태복음, 마가복음, 누가복음, 요한복음
9		꼭꼭 씹어 먹는 신약 2 예수님이야기 2 (4복음서)	마태복음, 마가복음, 누가복음, 요한복음
10		꼭꼭 씹어 먹는 신약 3 사도행전	사도행전
11		꼭꼭 씹어 먹는 신약 4 로마서부터 에베소서까지	로마서, 고린도전후, 갈라디아서, 에베소서
12		꼭꼭 씹어 먹는 신약 5 빌립보서부터 요한계시록까지	빌립보서, 골로새서, 데살로니가전후, 디모데전후, 디도서, 빌레몬서, 히브리서, 야고보서, 베드로전후, 요한 1,2,3서, 요한계시록
전체		신·구약 66권 전권	306과 (구약 176과 + 신약 130과)

꼭꼭 씹어 먹는
성경 시리즈를 내면서

'아이들이 성경을 즐겁게 배울 수는 없을까?'

지금부터 13년 전, 아빠로서 두 아이에게 성경을 가르쳐야겠다고 생각하면서부터 이런 고민을 하게 되었습니다. 그래서 '즐겁고 재미있는 성경 공부'에 대한 연구를 시작했습니다. 처음에는 어설프게 만든 성경 교재로 필자의 아이들에게 시험 삼아 가르쳤습니다. 그리고 같이 참여하기를 원하는 부모들과 아이들이 늘어나면서 아이들 눈높이에 맞는 교재를 만들기 위해 더욱더 노력해왔습니다. 10년이 넘는 동안 500여 개 교회의 많은 부모와 아이들이 짧게는 한 달부터 길게는 6년 동안이나 이 교재를 가지고 성경을 공부할 수 있었고, 그 과정을 통해 수렴된 의견들을 반영하여 『꼭꼭 씹어 먹는 성경 시리즈』를 발행하게 되었습니다.

이 책의 학습효과는 다음과 같습니다.

첫째, 기억력을 향상시킵니다.

이 책의 독특한 학습방법과 요절암송카드로 기억력을 향상시킬 수 있습니다.

둘째, 창의력과 상상력을 키워줍니다.

열린 질문과 다양한 학습방법을 통해 창의력을 키워주며, 그림 그리기와 성경 본문의 상황에 자신을 대입하는 질문을 통해 호기심과 상상력을 키워줍니다.

셋째, 사고력, 집중력, 문장력을 길러줍니다.

깊은 생각을 요구하는 질문과 흥미로운 활동으로 사고력과 집중력을 길러주며, 이 책의 프로그램에 따라 공부하다 보면 자연스럽게 글짓기 능력이 향상됩니다.

넷째, 진리를 발견하고 은혜를 받습니다.

가장 큰 학습효과는『꼭꼭 씹어 먹는 성경 시리즈』를 재미있고 즐겁게 공부하면서 스스로 성경 속에 숨겨진 진리를 발견하고 은혜를 받는다는 것입니다. 필자가 처음으로 가르쳤던 딸아이는 대학생이 되었는데 매일 말씀을 묵상하는 즐거운 습관을 갖게 되었습니다. 이를 보면서 필자는 어려서 성경 교육이 매우 중요하다는 것을 새삼 깨닫게 됩니다.

이 책이 만들어지기까지 많은 분들의 수고가 있었습니다. 이론적 근거를 지도해주신 윤화석·유명복·김선요 교수님, 본문의 신학적 검토를 해주신 정기영·이성진·강신태 목사님, 함께 내용을 고민해 준 한기호·마병식·유민정·백진희 선생님, 자녀들에게 직접 가르치며 함께 참여했던 전국의 많은 '성경공부방' 어머니들입니다.

『꼭꼭 씹어 먹는 성경 시리즈』는 아이들이 매일 1과씩 공부하면 1년에 성경 전체를 마칠 수 있도록 계속해서 발간될 것입니다. 하나님께서 베푸시는 은혜 가운데 이 일이 잘 진행될 수 있도록 기도해주시면 감사하겠습니다.

말씀으로 행복한 아이, 행복한 부모를 꿈꾸며
2013년 12월
차 영 회

* 교사용 지도 지침서는
아래 사이트를 참고하세요.
http://cafe.daum.net/bibleboy

본문 핵심 말씀 요절
(외우기로 활용)

7과
사무엘상
20:1~42

다윗과 요나단

요나단이 다윗에게 이르되 네 마음
의 소원이 무엇이든지 내가 너를
위하여 그것을 이루리라
(사무엘상 20:4)

**동화형식으로 재구성된
이해하기 쉽고
재미있는 본문**

"다윗이 인기가 높아지면 내 자리를 빼앗을 거야!"

사울 왕은 다윗을 미워했어요. 백성들이 골리앗을 물리
친 다윗을 칭찬하는 노래를 불렀기 때문이에요. 그래서 사
울은 창을 던져 다윗을 죽이려고까지 했어요. 그런데 요나
단이 다윗을 도와주었어요.

"다윗 빨리 피해! 아버지가 너를 또 죽이려고 해!"

요나단은 아버지 사울을 이어 왕이 될 왕자예요. 그러나 요나단은 하나님의 뜻이 다윗에게
있음을 알았어요.

"다윗, 칼과 활을 받아. 내 우정의 표시야!"

요나단과 다윗은 생명을 걸고 친구가 되었어요. 요나단은 다윗을 죽이려는 아버지의 계획
을 미리 알고 다윗을 숨겨주었어요. 사울은 요나단이 다윗을 도와준 것을 알고 화를 냈어요.

"너는 도대체 누구의 아들이냐? 다윗이 어디에 있는지 말해!"

그러나 요나단은 다윗이 숨은 곳을 말하지 않았어요.

"다윗, 도망가라! 너는 죽지 않을 거야. 하나님이 너를 보호하시니까. 몸 건강하고 우리의
우정을 잊지 마!"

다윗은 요나단의 도움으로 사울을 피해 멀리 도망갔어요.

그림
(본문의 내용을 상징적으로
표현)

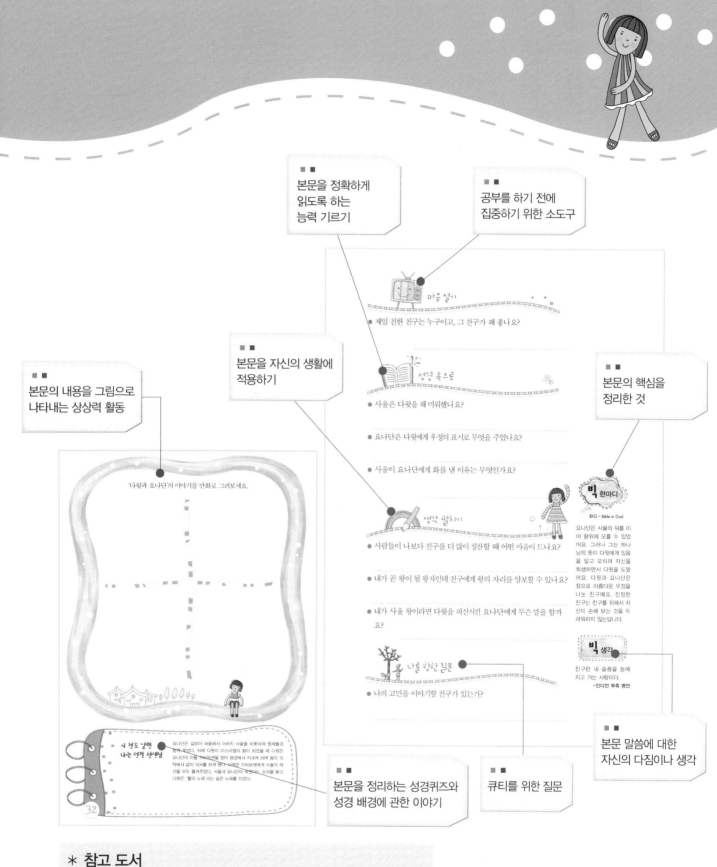

본문을 정확하게
읽도록 하는
능력 기르기

공부를 하기 전에
집중하기 위한 소도구

마음 열기

● 제일 친한 친구는 누구이고, 그 친구가 왜 좋나요?

본문을 자신의 생활에
적용하기

성경 속으로

● 사울은 다윗을 왜 미워했나요?

● 요나단은 다윗에게 우정의 표시로 무엇을 주었나요?

● 사울이 요나단에게 화를 낸 이유는 무엇인가요?

본문의 핵심을
정리한 것

본문의 내용을 그림으로
나타내는 상상력 활동

'다윗과 요나단'의 이야기를 만화로 그려보세요.

생각 펼치기

● 사람들이 나보다 친구를 더 많이 칭찬할 때 어떤 마음이 드나요?

● 내가 곧 왕이 될 왕자인데 친구에게 왕의 자리를 양보할 수 있나요?

● 내가 사울 왕이라면 다윗을 피신시킨 요나단에게 무슨 말을 할까요?

빅 한마디

BIG - Bible in God

요나단은 사울의 뒤를 이어 왕위에 오를 수 있었어요. 그러나 그는 하나님의 뜻이 다윗에게 있음을 알고 오히려 자신을 희생하면서 다윗을 도왔어요. 다윗과 요나단은 참으로 아름다운 우정을 나눈 친구예요. 진정한 친구는 친구를 위해서 자신이 손해 보는 것을 두려워하지 않는답니다.

빅 생각

친구란 내 슬픔을 등에 지고 가는 사람이다.
-인디언 부족 명언

나를 향한 질문

● 나의 고민을 이야기할 친구가 있는가?

본문 말씀에 대한
자신의 다짐이나 생각

이것도 알면
나는 성경 선생님

요나단은 길보아 싸움에서 아버지 사울을 비롯하여 형제들과 함께 죽었다. 뒤에 다윗이 이스라엘의 왕이 되었을 때 다윗은 요나단의 아들 므비보셋을 찾아 왕궁에서 지내게 하며 왕의 식탁에서 같이 식사를 하게 했다. 다윗은 므비보셋에게 사울의 재산을 모두 물려주었다. 사울과 요나단이 죽었다는 소식을 듣고 다윗은 '활의 노래'라는 슬픈 노래를 지었다.

본문을 정리하는 성경퀴즈와
성경 배경에 관한 이야기

큐티를 위한 질문

✻ 참고 도서

1. 알프레드 J. 허트, 『고고학과 구약성경』, 미스바
2. 제임스 M. 프리만, 『성경 속의 생활 풍습 따라잡기(구약편)』, 아가페
3. 레온 우드, 『이스라엘의 역사』, 기독교문서선교회
4. 강병도 편, 『호크마 주석』, 기독지혜사
5. 김흔중, 『성서의 역사와 지리』, 엘맨

차례

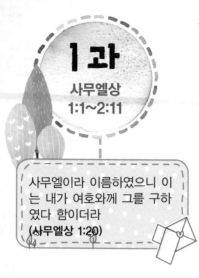

1과
사무엘상
1:1~2:11

하나님이 주신 사무엘

사무엘이라 이름하였으니 이는 내가 여호와께 그를 구하였다 함이더라
(사무엘상 1:20)

이스라엘 에브라임에 사는 '한나'라는 여자는 엘가나와 결혼했지만 아이가 없었어요. 엘가나는 한나가 아기를 낳지 못하자 다른 여자와 결혼하여 자식을 낳았어요. 자식을 낳은 여자는 한나를 무시했어요. 그 일로 한나는 마음이 슬프고 힘들었어요.

오늘은 일 년에 한 번씩 하나님의 궤가 있는 실로에 와서 제사를 드리는 날이에요. 한나는 사람들이 먹고 마실 때 하나님 앞에 엎드려 기도했어요.

"하나님! 저에게 아들을 주시면 그 아들을 하나님께 바치겠습니다."

그때 엘리 제사장이 지나가다가 한나의 기도하는 모습을 보았어요.

"네가 술이 취해 거룩한 곳에 엎드려 무엇을 하느냐? 술을 그만 마셔라!"

엘리 제사장은 엎드려 있는 한나를 보고 술이 취한 줄로 생각했어요.

"술 취한 게 아니라 아기를 낳게 해달라고 하나님께 기도하고 있었어요."

엘리 제사장은 한나를 축복하였어요.

"하나님이 너의 기도를 들어주시기를 원하노라!"

한나는 기쁜 마음으로 집에 돌아왔어요. 하나님께서는 한나의 기도를 들으시고 아들을 주셨어요. 한나는 아기의 이름을 사무엘이라고 지었답니다.

마음 열기

● 억울한 일을 당한 친구에게 어떤 말을 해주면 좋을까요?

성경 속으로

● 사무엘의 어머니는 누구인가요?

● 엘리 제사장은 한나의 기도하는 모습을 보고 뭐라고 말했나요?

● 한나는 하나님께서 아들을 주시면 어떻게 한다고 했나요?

BIG - Bible in God

한나는 아기를 낳지 못해서 매우 슬펐어요. 그뿐 아니라 아기를 낳지 못한다고 업신여김을 당하기도 했어요. 그러나 그런 일 때문에 화를 내거나 싸우지 않았어요. 대신에 하나님께 기도했어요. 새로운 생명은 하나님께서만 주실 수 있다는 것을 알았기 때문이에요. 걱정거리가 있나요? 하나님께 이야기하세요.

생각 펼치기

● 내 이름에는 어떤 뜻이 있나요?

● 내가 한나라면 술에 취했다고 말하는 엘리 제사장에게 뭐라고 했을까요?

● 친구가 나를 업신여긴다면 마음이 어떨까요?

걱정과 근심으로는 일이 해결되지 않는다.

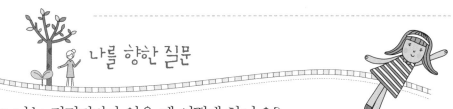

나를 향한 질문

● 나는 걱정거리가 있을 때 어떻게 하나요?

다음 단어를 그림으로 그려보세요.

'걱정'   '고통'

'기도'   '기쁨'

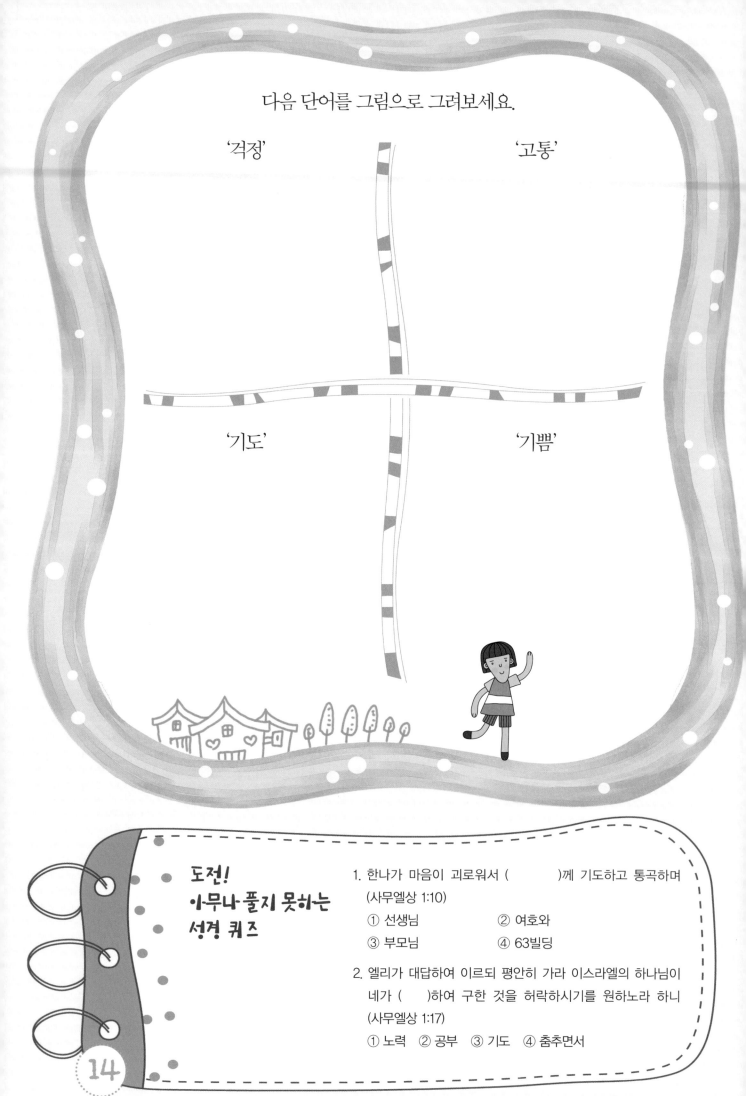

도전!
아무나 풀지 못하는
성경 퀴즈

1. 한나가 마음이 괴로워서 (   )께 기도하고 통곡하며
   (사무엘상 1:10)
   ① 선생님   ② 여호와
   ③ 부모님   ④ 63빌딩

2. 엘리가 대답하여 이르되 평안히 가라 이스라엘의 하나님이
   네가 (   )하여 구한 것을 허락하시기를 원하노라 하니
   (사무엘상 1:17)
   ① 노력   ② 공부   ③ 기도   ④ 춤추면서

2 과

사무엘상
3:1~3:21

사무엘이 자라매 여호와께서 그와 함께 계셔서 그의 말이 하나도 땅에 떨어지지 않게 하시니
(사무엘상 3:19)

사무엘을 부르시는 하나님

한나는 사무엘이 젖을 떼자 엘리 제사장에게 데리고 갔어요.

"약속한 대로 아들을 데려왔어요."

어린 사무엘은 엘리 제사장 밑에서 하나님을 섬기며 자랐어요. 그러던 어느 날, 사무엘이 잠자리에 들었는데 '사무엘아!'하고 부르는 소리가 들렸어요.

"제사장님 부르셨어요?"

"아니다. 가서 자거라!"

사무엘이 다시 잠자리에 누웠는데 또 '사무엘아!'하는 소리가 들렸어요. 사무엘이 다시 엘리 제사장에게 갔지만 이번에도 부르지 않았다고 했어요. 이런 일이 세 번 있자 엘리 제사장은 사무엘에게 말했어요.

"다시 소리가 들리면 '하나님, 제가 여기에 있습니다'라고 말하여라!"

사무엘이 누웠을 때 또 부르는 소리가 들리자 사무엘이 대답했어요.

"하나님, 제가 여기 있습니다. 말씀하세요."

그때 하나님의 음성이 들렸어요.

"엘리의 아들들이 나쁜 짓을 많이 저질러서 내가 그 집안을 심판할 것이다!"

엘리 제사장의 아들인 홉니와 비느하스는 백성들이 하나님께 드리려고 가져 온 제물을 먼저 먹거나 강제로 빼앗는 나쁜 짓을 저질렀어요. 그래서 하나님께서 엘리 집안을 심판하시고 대신 제사장으로 사무엘을 세우신다고 하신 거예요.

사무엘아
사무엘아

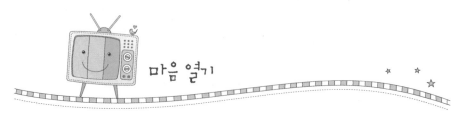

마음 열기

● 잠을 자고 있는데 누군가 나를 부르는 소리가 들린다면 어떻게 할까요?

성경 속으로

● 사무엘을 부르는 소리는 몇 번 있었나요?

● 엘리 제사장의 아들들 이름은 무엇인가요?

● 하나님께서 사무엘에게 엘리 집안을 어떻게 하신다고 했나요?

생각 펼치기

● 하나님께서 지금 내 이름을 부르신다면 어떻게 대답할까요?

● 어머니가 나를 낳기 전에 하나님께 드리기로 약속했다며 나에게 '목회자'가 되라고 한다면 어떻게 할까요?

● 제일 좋아하는 성경 구절을 적어보세요.

나를 향한 질문

● 나는 부모님이나 친구들이 말할 때 집중해서 잘 듣고 있는가?

빅 한마디

BIG - Bible in God

어린 사무엘처럼 하나님의 음성을 들을 수 있을까요? 물론이에요. 하나님께서 원하실 때는 언제든지 가능한 일이에요. 또 하나님께서는 우리의 양심과 성경 말씀 또는 목사님의 설교나 다른 방법을 통해서 우리에게 필요한 것을 말씀하세요. 우리는 늘 하나님의 말씀을 들을 수 있도록 영적인 귀를 열어놓아야 해요.

빅 생각

잘 말하는 것보다 잘 듣는 것이 더 중요하다.

'사무엘을 부르시는 하나님' 이야기를 만화로 그려보세요.

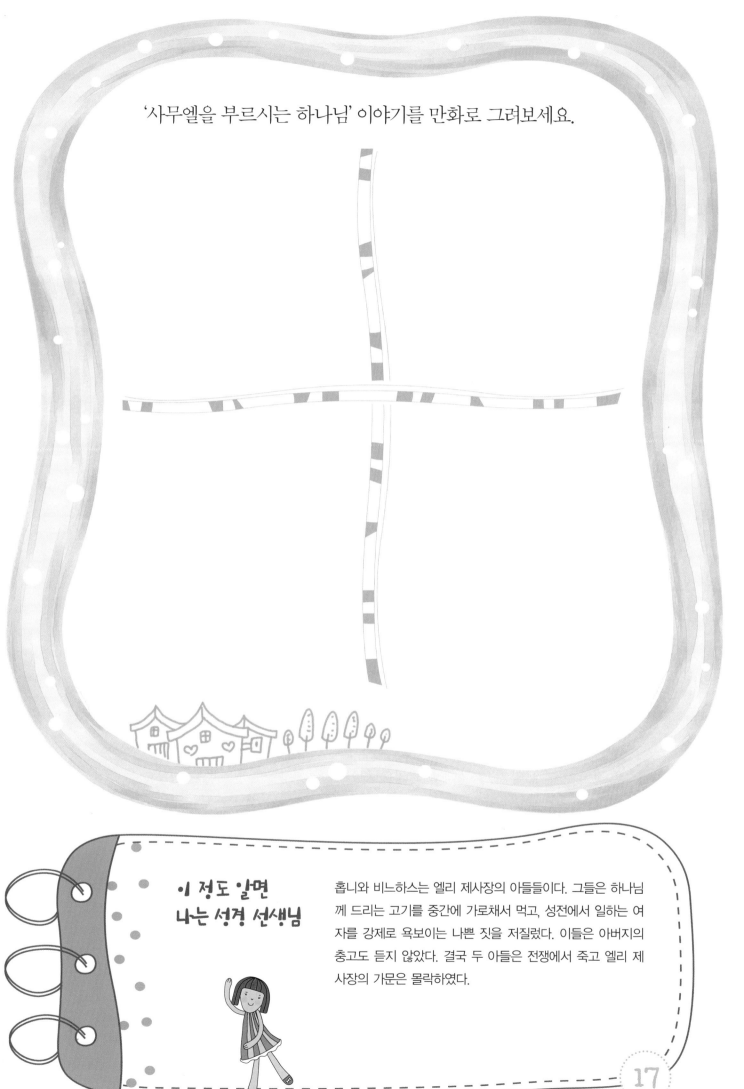

**이 정도 알면
나는 성경 선생님**

홉니와 비느하스는 엘리 제사장의 아들들이다. 그들은 하나님
께 드리는 고기를 중간에 가로채서 먹고, 성전에서 일하는 여
자를 강제로 욕보이는 나쁜 짓을 저질렀다. 이들은 아버지의
충고도 듣지 않았다. 결국 두 아들은 전쟁에서 죽고 엘리 제
사장의 가문은 몰락하였다.

17

사무엘이 돌을 취하여 미스바와 센 사이에 세워 이르되 여호와께서 여기까지 우리를 도우셨다 하고 그 이름을 에벤에셀이라 하니라
(사무엘상 7:12)

어벤에설

"언약궤를 빼앗겼다!"

홉니와 비느하스는 블레셋과의 싸움에서 언약궤를 빼앗기고 죽었어요. 이스라엘 군인도 삼만 명이 죽었어요. 아들이 죽었다는 소식을 들은 엘리 제사장은 의자에서 넘어져 목이 부러져 죽었어요.

사무엘이 이스라엘의 새로운 지도자가 되었어요. 사무엘은 백성들을 미스바에 모이도록 했어요.

"우리의 죄를 회개합시다. 모두 금식을 하면서 하나님께 용서를 빕시다!"

사무엘의 말에 백성들은 가슴을 치고 울며 하나님만 섬기겠다고 약속했어요. 사무엘이 어린양을 잡아 하나님께 제물로 드릴 때였어요.

"블레셋 군대가 쳐들어온다!"

블레셋이 먼저 공격을 한 것이에요. 창을 든 군인들이 서서히 다가오고 있었어요. 그러나 사무엘은 제사를 멈출 수가 없어 기도했어요.

"하나님! 블레셋의 손에서 우리를 지켜주세요!"

그러자 갑자기 하늘에서 요란하게 천둥번개가 쳤어요. "우르릉 쾅!"

"와! 하늘이 화가 났다. 도망가자!"

이스라엘 군대는 도망가는 블레셋 군대를 쫓아가 싸워 크게 이겼어요. 사무엘은 그곳에 큰 돌을 세우고 그 이름을 에벤에셀(하나님께서 여기까지 우리를 도우셨다)이라고 불렀답니다.

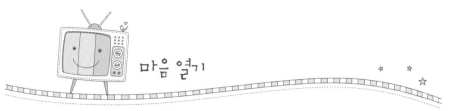

● 내가 가장 아끼는 물건을 빼앗기면 어떤 마음이 들까요?

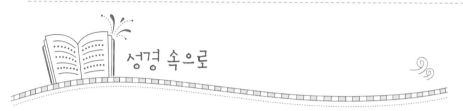

● 홉니와 비느하스는 블레셋과의 싸움에서 무엇을 빼앗겼나요?

● 사무엘은 백성들을 어디로 모이라고 했나요?

● 에벤에셀의 뜻은 무엇인가요?(사무엘상 7:12)

BIG - Bible in God

블레셋은 이스라엘이 도저히 이길 수 없는 강한 상대였어요. 그러나 싸움의 결과는 이스라엘이 이겼어요. 이는 이스라엘의 힘으로 싸운 것이 아니라 하나님의 힘으로 싸웠기 때문이에요. 우리가 약한 존재임을 알고 하나님만 의지할 때 우리는 강해질 수 있답니다.

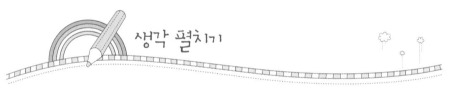

● 자식이 죽었다는 소식을 듣는 부모의 마음은 어떨까요?

● 적(블레셋)이 쳐들어오고 있는데 제사 드리는 것을 멈추지 않는 사무엘을 보면서 무슨 생각이 드나요?

● 오늘 감사한 일 세 가지를 적어보세요.

하나님께서 주신 꿈(비전)은 내가 할 수 없는 것을 이루게 한다.

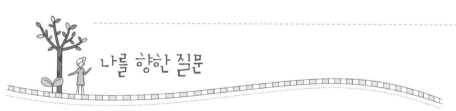

● 하나님을 온전하게 신뢰하면 두려움이 사라진다는 것을 믿나요?

아래에 적힌 말을 그림으로 표현해보세요.

'잘못을 회개하는 내 모습'   '천둥 번개'

'나와 늘 함께 계시는 하나님'

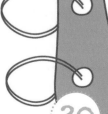

도전!
아무나 풀지 못하는
성경 퀴즈

1. 궤가 기럇여아림에 들어간 날부터 20년 동안 오래 있은지라 이스라엘 온 족속이 여호와를 (   )하니라(사무엘상 7:2)
① 일모   ② 이모   ③ 삼모   ④ 사모

2. 이에 블레셋 사람들이 굴복하여 다시는 이스라엘 지역 안에 들어오지 못하였으며 여호와의 (   )이 사무엘이 사는 날 동안에 블레셋 사람을 막으시매 (사무엘상 7:13)
① 얼굴   ② 손   ③ 몸   ④ 당신이

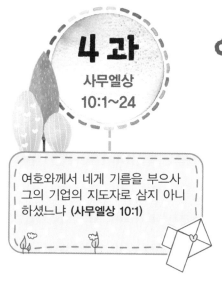

4과

이스라엘 초대 왕 사울

여호와께서 네게 기름을 부으사 그의 기업의 지도자로 삼지 아니하셨느냐 (사무엘상 10:1)

"우리도 다른 나라들처럼 왕을 세워주시오!"

이스라엘 백성들이 사무엘에게 왕을 세워줄 것을 요구했어요.

"우리의 왕은 하나님이신데 왜 다른 왕을 세워달라는 것이요?"

백성들은 사무엘의 말에 아랑곳 않고 왕을 요구했어요. 하나님께서 사무엘에게 백성들의 요구를 들어주라고 하셨어요.

하나님께서는 사무엘에게 기스의 아들 사울을 왕으로 세우라고 알려주셨어요. 사무엘은 사울을 찾아갔어요. 사울은 키가 크고 멋진 사람이었어요.

"당신을 하나님께서 왕으로 세우셨소."

"제가 속한 지파는 가장 작고 또 우리 집안도 매우 작습니다. 저는 왕이 될 만한 사람이 아닙니다."

왕이 될 것이라는 사무엘의 말에 사울은 겸손하게 말했어요. 사무엘은 모든 백성들을 미스바로 모이도록 하고 왕을 뽑는 제비뽑기를 했어요. 하나님께서는 베냐민 지파가 뽑히고 또 기스의 아들인 사울이 뽑히도록 하셨어요.

"하나님께서 왕으로 뽑으신 사람이오!" "이스라엘 왕 만세!"
백성들은 기뻐서 소리쳤어요. 사울이 이스라엘 초대 왕이 되었어요.

사울왕~만세~!!

만세~!!

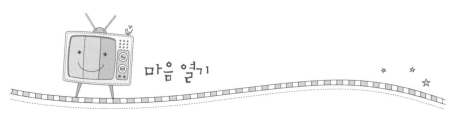

마음 열기

● 사람들이 내가 왕이 되어야 한다고 말한다면 뭐라고 할까요?

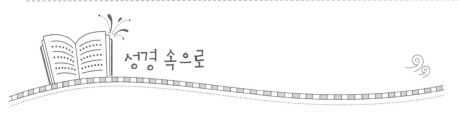

성경 속으로

● 백성들은 사무엘에게 무엇을 세워달라고 요구했나요?

● 사울은 어느 지파에 속했나요?

● 이스라엘 초대 왕의 이름은 무엇인가요?

생각 펼치기

● 제비뽑기로 회장을 뽑는다면 어떨까요?

● 내가 투표를 해서 국회의원을 뽑는다면 어떤 사람을 뽑을까요?

● 이스라엘의 왕이 된 사울에게 한마디 해보세요

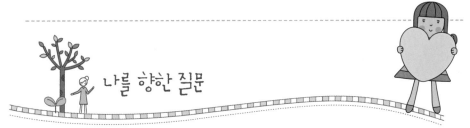

나를 향한 질문

● 나는 우리 교회와 집을 대표하는 사람이라고 생각하고 행동하나요?

빅 한마디

BIG - Bible in God

사울이 왕으로 뽑힐 때는 왕이 될 만한 자질이 있던 사람이었어요. 그는 겸손했고 마음도 넓었고 효자였어요. 그러나 왕이 되고 나서는 그런 마음을 끝까지 유지하지 못했어요. 하나님을 처음 만났을 때의 그 마음을 늘 잊지 않기를 바랍니다.

빅 생각

사람의 가치는 공부 잘하는 것이나 재산이 많은 것으로 나타나는 것이 아니라 그 사람의 됨됨으로 나타난다.

22

겸손한 마음을 그려보세요.　　　불순종한 마음을 그려보세요.

감사하는 마음을 그려보세요

이 정도 알면 나는 성경 선생님

• 이스라엘 백성들은 왜 왕을 요구했을까?

당시 사무엘은 나이가 많았고, 사무엘 대신 백성들의 일을 재판하던 사무엘의 아들들은 재판을 공정하게 하지 못했다. 이런 이유로 백성들은 사무엘에게 왕을 세워줄 것을 요구했다. 또 이스라엘 주위의 나라들은 강력한 왕권을 가진 나라였다. 백성들은 이스라엘에 왕이 없어서 이웃나라처럼 강하지 못하다고 생각했던 것이다. 이스라엘이 침략을 받는 것은 하나님의 말씀을 잘 지키지 않았기 때문인데 백성들은 왕이 없어서 그렇다고 생각했던 것이다.

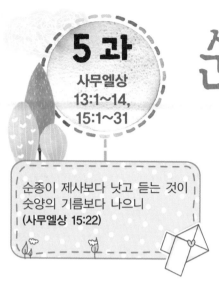

순종이 제사보다 낫다

순종이 제사보다 낫고 듣는 것이
숫양의 기름보다 나으니
(사무엘상 15:22)

사울은 왕이 되고 나자 조금씩 달라졌어요. 왕권이 굳게 세워지자 교만해지기 시작했어요. 사울은 전쟁을 하기 전에 사무엘이 드려야 할 제사를 대신해서 드렸어요. 이에 사무엘이 사울을 책망했어요.

"왕은 어찌하여 마음대로 행동을 하였소?"

사울은 잘못을 인정하지 않고 변명했어요 "어쩔 수 없어 대신 드렸습니다."

그렇지만 제사는 제사장인 사무엘만이 드릴 수 있었어요.

그 뒤 하나님께서 사울에게 아말렉을 공격하여 모든 것을 죽이라고 명령하셨어요. 하지만 사울은 싸움에서 이기자 아말렉 왕을 죽이지 않았어요. 또 좋은 양과 소도 숨겼어요. 하나님의 명령을 어긴 거예요. 하나님께서는 사무엘에게 사울에 대해서 화를 내셨어요.

"내가 사울을 왕으로 삼은 것을 후회하노라!"

사무엘은 깜짝 놀라 사울을 찾아가서 말했어요. "어찌하여 살찐 소와 양을 숨겨놓았소?"

"그것은 하나님께 바치려고 좋은 것만 골라서 남겨놓은 것입니다."

사울은 사무엘에게 거짓말을 했어요. 사울의 변명에 사무엘은 불같이 화를 냈어요.

"왕은 순종을 제사보다 기뻐하시는 하나님을 모르시오."

그런데도 사울은 자신의 잘못을 진심으로 회개하지 않았어요.

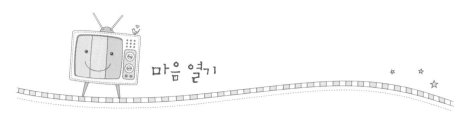

마음 열기

● 선생님(부모님)의 말씀을 안 듣고 내 마음대로 행동한다면 어떻게 될까요?

성경 속으로

● 하나님께서는 사울에게 어디를 공격하라고 하셨나요?

● 사울은 아말렉의 모든 것을 불사르라는 하나님의 명령을 어기고 무엇을 숨겨놓았나요?

● 사울의 변명에 사무엘은 뭐라고 말했나요?

생각 펼치기

● 내 잘못을 인정하지 않고 계속 변명한 적이 있나요?

● 내가 사울이라면 사무엘이 "왜 양을 숨겨놓았느냐?"고 물을 때 뭐라고 대답할까요?

● '부모님(선생님) 말씀에 순종해야 한다'는 말을 어떻게 생각하나요?

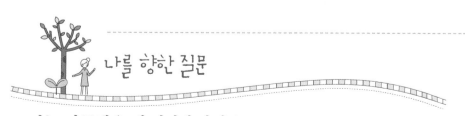

나를 향한 질문

● 나는 잘못했을 때 어떻게 하나요?

BIG - Bible in God

사울은 모든 것을 알고 있는 사무엘 앞에서 사실을 숨기고 변명했어요. 하나님의 명령을 지키지 않은 것이 아니라고 하며 자신의 잘못을 인정하지 않았어요. 만약 사울이 살찐 소와 양을 숨겨놓은 것과 아말렉 왕을 죽이지 않은 일에 대해서 뉘우쳤다면 어떻게 되었을까요?

잘못에 대한 변명은 더 큰 잘못을 가져온다.

순종에서 교만함으로 마음이 조금씩 변해가는 모습을 그려보세요.

양의 울음소리를 그려보세요.

화를 내는 사무엘의 마음에 무엇이 들어 있을까요?
그림으로 나타내보세요.

이 정도 알면 나는 성경 선생님

사울에게 실망하신 하나님께서는 사무엘에게 새로운 왕에게 기름을 부으라고 명령하셨어요. 사무엘은 하나님의 명령에 따라 베들레헴에 사는 이새의 집을 찾아갔어요. 이새의 아들들은 여덟 명이었는데 그중에 다윗은 막내였어요. 사무엘은 다윗에게 기름을 붓고 왕으로 선택되었음을 알렸어요.

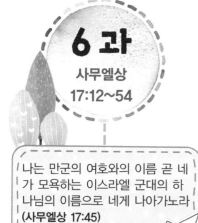

6과

사무엘상
17:12~54

나는 만군의 여호와의 이름 곧 네가 모욕하는 이스라엘 군대의 하나님의 이름으로 네게 나아가노라
(사무엘상 17:45)

골리앗을 이긴 소년 다윗

블레셋과 이스라엘 군대가 싸우고 있었어요. 그런데 이스라엘 군인들은 골리앗 때문에 겁에 질려서 꼼짝도 못하고 있었어요. 골리앗은 키가 2미터도 넘는 무시무시한 사람이었어요.

"누구든지 나를 죽이면 우리가 너희의 종이 되겠다. 이 겁쟁이들아!"

그때 아버지의 심부름으로 형들에게 줄 떡을 가지고 온 다윗이 이 말을 들었어요. "어째서 하나님의 군대를 욕하는 사람을 가만둡니까?" 큰형 엘리압이 이 말을 듣고 화를 냈어요. "너는 잘난 체 하려고 왔냐? 집으로 가서 양이나 잘 돌보아라!"

다윗은 자신이 골리앗과 싸우겠다고 말했어요. 그 소리를 들은 사울은 다윗을 불렀어요. "용감한 아이구나! 그러나 아직 어리니 집으로 돌아가는 게 좋겠다!"

사울 왕의 말에 다윗은 물러서지 않았어요. "골리앗이 아무리 커도 하나님께서 치시면 이길 것입니다." 결국 다윗은 왕의 허락을 받아 골리앗과 싸우러 갔어요. 무기는 돌 다섯 개뿐이었어요.

"하하하! 꼬마야, 네가 나를 개로 여기느냐? 나는 골리앗이다." 골리앗이 소리를 벼락처럼 질렀지만 다윗은 무서워하지 않았어요.

"너는 칼로 싸우지만 나는 하나님의 이름으로 싸울 것이다." 다윗은 골리앗을 향해 힘껏 돌을 던졌어요. 다윗이 던진 돌은 골리앗의 이마에 꽂혔어요.

"쿵!" 골리앗은 쓰러졌고 이스라엘은 크게 이겼어요.

마음 열기

● 유치원생과 대학생이 씨름을 한다면 어떻게 될까요?

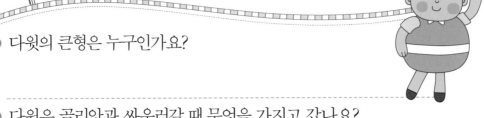

성경 속으로

● 다윗의 큰형은 누구인가요?

● 다윗은 골리앗과 싸우러갈 때 무엇을 가지고 갔나요?

● 다윗이 골리앗과 싸우기 전에 골리앗에게 한 말은 무엇인가요?

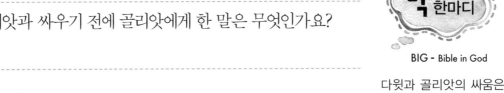

생각 펼치기

● 동생이 씨름 선수와 싸운다고 한다면 어떻게 할까요?

● 내가 골리앗이라면 다윗을 보고 무슨 말을 할까요?

● 골리앗을 물리친 다윗에게 축하의 말 한마디 해주세요.

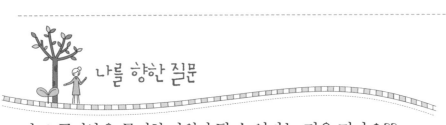

나를 향한 질문

● 나도 골리앗을 물리친 다윗이 될 수 있다는 것을 믿나요??

빅 한마디

BIG - Bible in God

다윗과 골리앗의 싸움은 누가 봐도 다윗이 절대로 불리했지만 다윗은 골리앗을 물리쳤어요. 물론 양치기를 하면서 익힌 다윗의 돌팔매질 솜씨는 매우 뛰어났지요. 그러나 아무리 돌팔매질이 뛰어났어도 다윗의 힘으론 골리앗을 이길 수 없었어요. 다윗이 이길 수 있었던 것은 하나님께서 도와주셨기 때문이에요. 다윗이 잘하는 돌팔매질로 골리앗을 물리칠 수 있도록 도와주신 거예요. 내가 잘하는 것은 무엇인가요?

빅 생각

하나님께서는 나의 단점도 선하게 사용하신다.

다윗과 골리앗의 크기를 빵으로 비교해서 그려보세요.

내가 골리앗과 싸우러간다면 어떤 무기를 가지고 갈까요?
그려보세요..

1. 또 여호와의 구원하심이 (   )과 (   )에 있지 아니함을 이 무리에게 알게 하리라 전쟁은 여호와께 속한 것인즉 그가 너희를 우리 손에 넘기시리라.(사무엘상 17:47)

① 돈, 성적   ② 칼, 창   ③ 주먹, 머리   ④ 학원, 학교

2. 사울이 그에게 묻되 소년이여 누구의 아들이냐 하니 다윗이 대답하되 나는 주의 종 베들레헴 사람 (   )의 아들이니이다.(사무엘상 17:58)

① 일새   ② 이새   ③ 삼새   ④ 사새

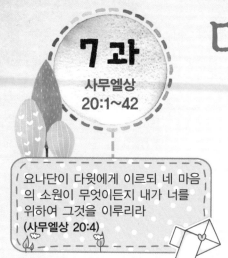

다윗과 요나단

요나단이 다윗에게 이르되 네 마음의 소원이 무엇이든지 내가 너를 위하여 그것을 이루리라
(사무엘상 20:4)

"다윗이 인기가 높아지면 내 자리를 빼앗을 거야!"

사울 왕은 다윗을 미워했어요. 백성들이 골리앗을 물리친 다윗을 칭찬하는 노래를 불렀기 때문이에요. 그래서 사울은 창을 던져 다윗을 죽이려고까지 했어요. 그런데 요나단이 다윗을 도와주었어요.

"다윗 빨리 피해! 아버지가 너를 또 죽이려고 해!"

요나단은 아버지 사울을 이어 왕이 될 왕자예요. 그러나 요나단은 하나님의 뜻이 다윗에게 있음을 알았어요.

"다윗, 칼과 활을 받아. 내 우정의 표시야!"

요나단과 다윗은 생명을 걸고 친구가 되었어요. 요나단은 다윗을 죽이려는 아버지의 계획을 미리 알고 다윗을 숨겨주었어요. 사울은 요나단이 다윗을 도와준 것을 알고 화를 냈어요.

"너는 도대체 누구의 아들이냐? 다윗이 어디에 있는지 말해!"

그러나 요나단은 다윗이 숨은 곳을 말하지 않았어요.

"다윗, 도망가라! 너는 죽지 않을 거야. 하나님이 너를 보호하시니까. 몸 건강하고 우리의 우정을 잊지 마!"

다윗은 요나단의 도움으로 사울을 피해 멀리 도망갔어요.

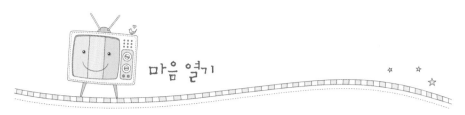

마음 열기

● 제일 친한 친구는 누구이고, 그 친구가 왜 좋나요?

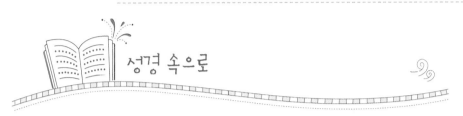

성경 속으로

● 사울은 다윗을 왜 미워했나요?

● 요나단은 다윗에게 우정의 표시로 무엇을 주었나요?

● 사울이 요나단에게 화를 낸 이유는 무엇인가요?

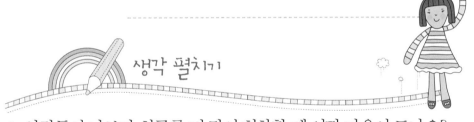

생각 펼치기

● 사람들이 나보다 친구를 더 많이 칭찬할 때 어떤 마음이 드나요?

● 내가 곧 왕이 될 왕자인데 친구에게 왕의 자리를 양보할 수 있나요?

● 내가 사울 왕이라면 다윗을 피신시킨 요나단에게 무슨 말을 할까요?

나를 향한 질문

● 나의 고민을 이야기할 친구가 있는가?

빅 한마디

BIG - Bible in God

요나단은 사울의 뒤를 이어 왕위에 오를 수 있었어요. 그러나 그는 하나님의 뜻이 다윗에게 있음을 알고 오히려 자신을 희생하면서 다윗을 도왔어요. 다윗과 요나단은 참으로 아름다운 우정을 나눈 친구예요. 진정한 친구는 친구를 위해서 자신이 손해 보는 것을 두려워하지 않는답니다.

빅 생각

친구란 내 슬픔을 등에 지고 가는 사람이다.
–인디언 부족 명언

'다윗과 요나단'의 이야기를 만화로 그려보세요.

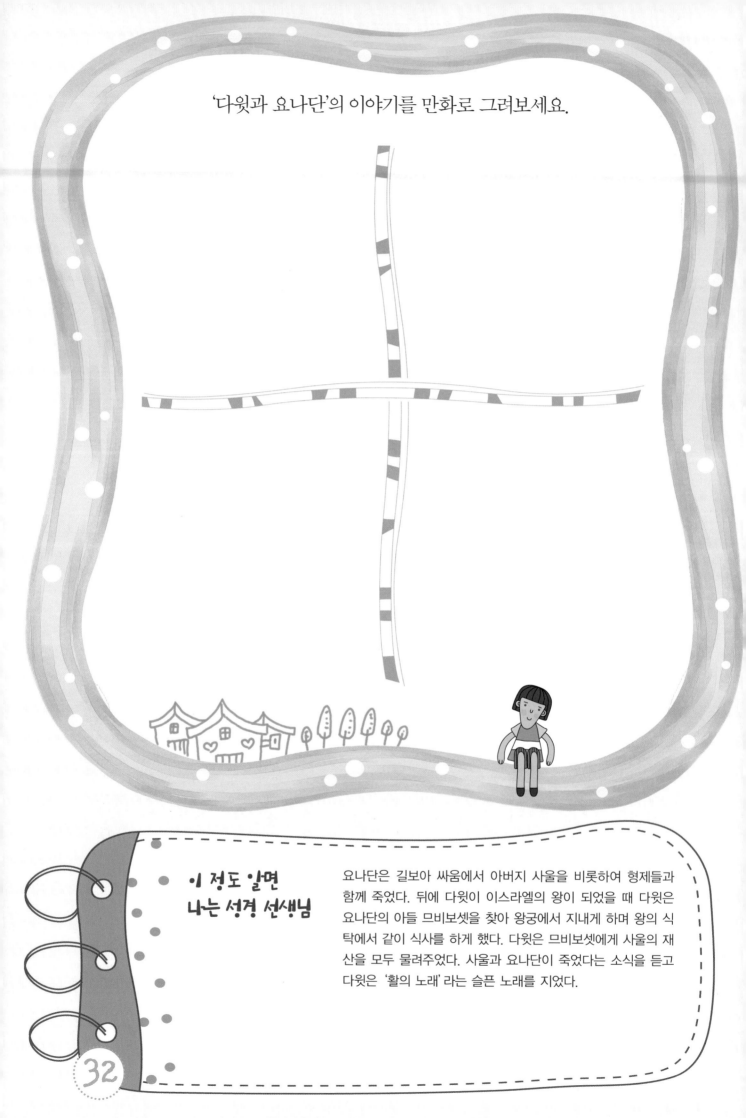

**이 정도 알면
나는 성경 선생님**

요나단은 길보아 싸움에서 아버지 사울을 비롯하여 형제들과 함께 죽었다. 뒤에 다윗이 이스라엘의 왕이 되었을 때 다윗은 요나단의 아들 므비보셋을 찾아 왕궁에서 지내게 하며 왕의 식탁에서 같이 식사를 하게 했다. 다윗은 므비보셋에게 사울의 재산을 모두 물려주었다. 사울과 요나단이 죽었다는 소식을 듣고 다윗은 '활의 노래' 라는 슬픈 노래를 지었다.

8과
사무엘상 24장

샤울의 창과 물병

나는 내 손을 들어 내 주를 해하지
아니하리니 그는 여호와의 기름 부음
을 받은 자이기 때문이라
(사무엘상 24:10)

사울은 다윗을 죽이려고 삼천 명을 이끌고 다윗이 숨어있는 곳을 찾아다니다가 용변을 보려고 굴속으로 들어갔어요. 마침 그 굴속에는 다윗과 부하들이 숨어있었어요. 칼을 벗어 놓고 볼일을 보는 사울을 보고 다윗의 부하가 말했어요.

"지금 사울 왕을 치면 단칼에 없앨 수 있습니다." 그러나 다윗은 하나님께서 기름 부어 세운 왕을 함부로 죽여서는 안 된다며 사울의 옷자락만 베었어요. 사울은 나중에 다윗이 자신을 살려준 것을 깨닫고 병사들을 데리고 돌아갔어요.

시간이 지나자 사울은 다윗이 미워졌어요. 그래서 다시 병사들을 데리고 다윗이 숨어 있는 하길라 산으로 왔어요. 밤이 되어 왕을 지키는 병사들도 사울도 모두 잠이 들었어요. 다윗이 사울 왕이 있는 곳으로 와도 아무도 눈치 채지 못했어요.

"좋은 기회입니다. 제가 사울의 목을 단번에 치겠습니다." 부하 중 한 명이 칼을 높이 들자 다윗이 말렸어요. "누구든지 하나님께서 기름 부은 자를 죽이면 죄가 된다."

다윗은 사울의 머리맡에 있는 창과 물병만 가지고 돌아왔어요. 아침이 되어 사울의 진영에서는 난리가 났어요. 밤에 왕의 창과 물병이 없어졌기 때문이에요. 사울은 또 다윗이 자신의 목숨을 살려준 것을 알고 말했어요.

"내가 잘못했구나! 너는 반드시 승리할 것이다."

사울은 군대를 이끌고 다시 왕궁으로 돌아갔어요.

33

마음 열기

● 사람들이 산에 올라가는 이유가 뭘까요?

성경 속으로

● 사울은 무엇 때문에 많은 병사들을 데리고 갔나요?

● 다윗은 잠든 사울의 머리맡에서 무엇을 가지고 왔나요?

● 다윗이 사울을 죽이지 않은 이유는 무엇인가요?

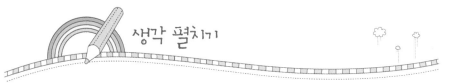

생각 펼치기

● 내게 다윗처럼 사울을 죽일 기회가 온다면 어떻게 할까요?

● 잠자고 일어났는데 머리맡에 두었던 소중한 물건이 사라졌다면 어떻게 하나요?

● 후회할 때 어떤 말을 하게 되나요?

나를 향한 질문

● 국민이 선택한 지도자들(대통령, 국회의원)에게 함부로 말하는 것에 대해서 어떻게 생각하는가?

BIG - Bible in God

다윗은 마음만 먹었다면 사울을 죽일 수 있었어요. 그러면 사울을 피해 도망을 다니지 않아도 되고 왕이 되는 거예요. 그러나 다윗은 그렇게 하지 않았어요. 사울 왕은 하나님께서 기름 부어 세운 왕이었기 때문이고 또 어려움 속에 있는 자신을 하나님께서 건져주실 것을 믿었기 때문이에요.

복수보다 용서가 더 가치 있고 아름답다.

'진정한 용서'를 그려보세요.   '가짜 용서'를 그려보세요.

사울을 죽이지 않는 다윗의 마음을 그려 보세요.

이 정도 알면 나는 성경 선생님

• 다윗을 구해준 사람들
· 미갈 – 사울의 둘째 딸로 다윗의 첫 번째 부인. 다윗을 창에서 달아 내려 위험에서 구해주었다.
· 요나단 – 사울의 아들. 아버지가 다윗을 죽이려는 음모를 알고 다윗을 도망가게 했다.
· 아히멜렉 – 놉의 제사장. 다윗에게 떡과 칼을 내어주고 사울에게 죽임을 당했다.
· 아비가일 – 마온 땅의 부자 나발의 부인. 남편이 다윗을 괄시하자 떡과 포도주로 다윗의 군대를 대접했다. 뒤에 남편이 죽자 다윗과 결혼했다.

왕이 된 다윗

유다 사람들이 와서 거기서 다
윗에게 기름을 부어 유다 족속
의 왕으로 삼았더라

(사무엘하 2:4)

"으! 화살이!"

사울은 블레셋과의 싸움에서 화살에 맞았어요. 사울은 따르던 부하에게 말했어요.

"칼로 나를 찌르라! 나는 적군의 손에 죽고 싶지 않다!"

그러나 부하는 사울 왕을 죽이지 못했어요. 그러자 사울은 스스로 목숨을 끊었어요. 그날 싸움에서 사울의 세 아들도 함께 목숨을 잃었어요.

사울 왕이 죽었다는 소식을 다윗도 들었어요. 다윗은 옷을 찢으며 매우 슬퍼했어요. 다윗은 친구 요나단의 죽음을 알고 아무것도 먹지 않았어요. 그 뒤 유다 사람들이 헤브론으로 와서 다윗을 왕으로 세웠어요. 다윗은 헤브론에서 유다 왕으로 나라를 다스렸어요.

사울 왕을 따르던 백성들과 다윗 왕을 따르는 백성들 사이에 칠년 육 개월 동안 싸움이 있었어요. 그러나 사울 왕을 따르던 세력은 약해졌고 다윗 왕은 점점 강해졌어요.

"우리 모두의 왕이 되어주시오!"

이윽고 이스라엘 열두 지파 모든 사람들이 다윗을 왕으로 인정했어요. 다윗은 이스라엘의 왕이 되었어요. 그때 다윗의 나이는 서른 살이었답니다.

마음 열기

● 스스로 목숨을 끊는 것(자살)에 대해 어떻게 생각하나요?

성경 속으로

● 사울은 어느 나라와 싸울 때 화살에 맞았나요?

● 유다 사람들은 다윗을 어디에서 왕으로 세웠나요?

● 사울을 따르던 백성과 다윗을 따르는 백성 사이에 싸움이 몇 년 동안 있었나요?

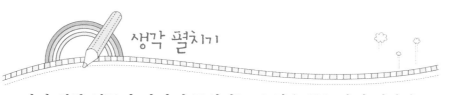

생각 펼치기

● 가장 친한 친구가 갑자기 죽었다는 소식을 듣는다면 어떨까요?

● 지금까지 내가 겪은 일 중에서 가장 슬펐던 일은 무엇인가요?

● 나는 서른 살에 어떤 사람이 되어 있을까요?

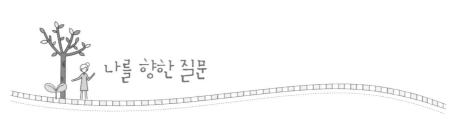

나를 향한 질문

● 힘들고 어려울 때 하나님께 무슨 말을 하나요?

빅 한마디

BIG - Bible in God

다윗은 사울 왕을 피해서 십오 년 동안 광야와 산에서 힘들고 어렵게 살았어요. 이는 하나님께서 다윗을 더 강한 지도자로 만들기 위해서 훈련을 시키신 거예요. 힘들고 어려운 과정을 잘 이겨낸 다윗은 드디어 왕이 되었어요. 만약 어려운 환경 가운데 있다면 힘을 내세요. 하나님을 바라보며 참고 견디면 반드시 좋은 날이 있을 거예요.

빅 생각

무릇 징계가 당시에는 즐거워 보이지 않고 슬퍼 보이나 후에 그로 말미암아 연단 받은 자들은 의와 평강의 열매를 맺느니라(히브리서 12:11)

'왕이 된 다윗'의 이야기를 만화로 그려보세요.

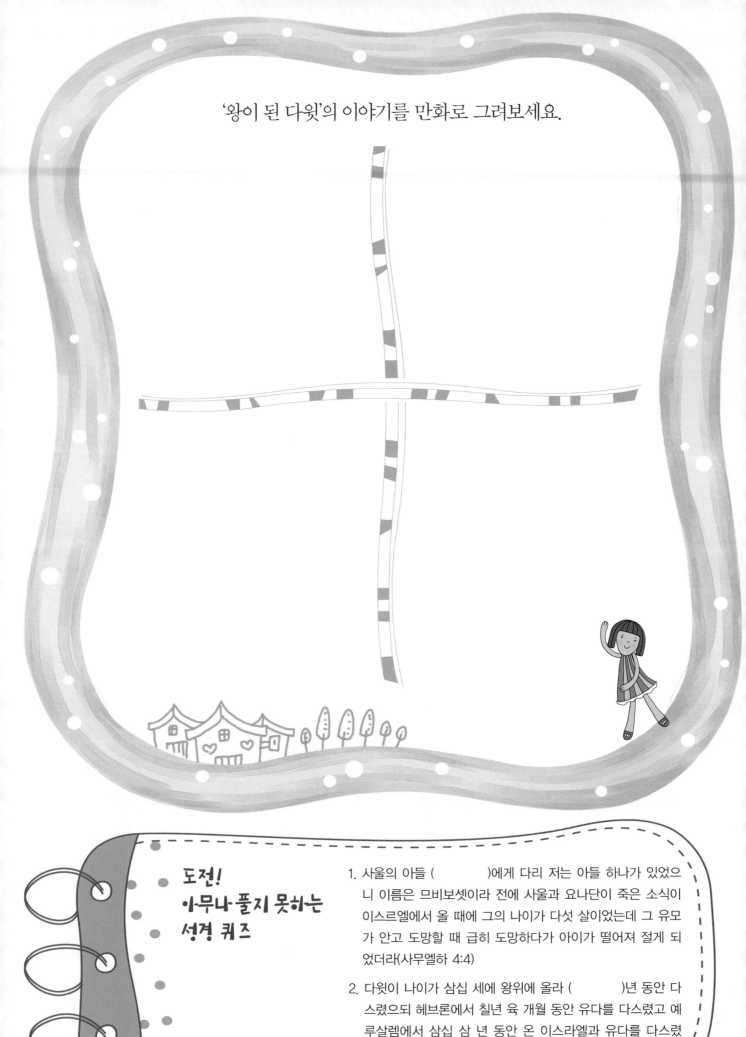

도전!
아무나 풀지 못하는
성경 퀴즈

1. 사울의 아들 (   )에게 다리 저는 아들 하나가 있었으니 이름은 므비보셋이라 전에 사울과 요나단이 죽은 소식이 이스르엘에서 올 때에 그의 나이가 다섯 살이었는데 그 유모가 안고 도망할 때 급히 도망하다가 아이가 떨어져 절게 되었더라(사무엘하 4:4)

2. 다윗이 나이가 삼십 세에 왕위에 올라 (   )년 동안 다스렸으되 헤브론에서 칠년 육 개월 동안 유다를 다스렸고 예루살렘에서 삼십 삼 년 동안 온 이스라엘과 유다를 다스렸더라(사무엘하 5:4~5)

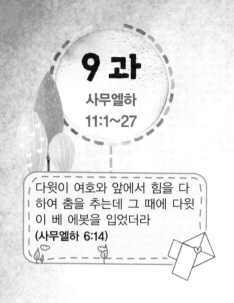

춤추는 다윗

다윗이 여호와 앞에서 힘을 다하여 춤을 추는데 그 때에 다윗이 베 에봇을 입었더라
(사무엘하 6:14)

다윗은 수도를 예루살렘으로 옮기고 왕궁도 아름답게 지었답니다. 그리고 기럇여아림에 있던 언약궤를 예루살렘으로 옮기기로 했어요.

"모든 준비를 철저하게 하도록 하라!"

다윗은 새 수레를 만들고 언약궤를 옮길 사람도 삼만 명을 모았어요. 그런데 아비나답의 집에 있던 언약궤를 수레에 싣고 올 때 갑자기 소가 날뛰었어요. 언약궤가 수레에서 떨어지려고 하자 웃사가 손으로 궤를 붙잡았어요. 그러자 하나님께서 화가 나셔서 웃사를 죽이셨어요. 언약궤는 아무나 만질 수 없는데 웃사가 손으로 잡았기 때문이에요.

"멈춰라! 하나님은 무서운 분이시구나! 일단 오벧에돔의 집으로 가지고 가자!"

다윗은 예루살렘으로 옮기려던 계획을 멈췄어요. 그렇게 석 달이 지났어요. 하나님께서 오벧에돔의 집에 복을 내리셨어요. 그동안 다윗은 왜 실패를 했는지 많이 생각했어요. 결국 하나님께서 명령하신 방법대로 옮기지 않았기 때문이란 걸 알게 되었어요.

"이번에는 레위 지파 고핫 자손들이 언약궤를 메고 옮기도록 하라!"

다윗은 율법에서 정한 대로 언약궤를 옮겼어요. 그러자 아무 일도 일어나지 않았어요. 다윗은 너무 기뻤어요. 하나님을 찬양하는 데 집중해서 바지가 흘러내리는 줄도 몰랐답니다.

백성들도 모두들 기뻐하며 하나님께 영광을 돌렸어요.

마음 열기

● 가장 소중한 것을 담는 그릇을 그려보세요.

성경 속으로

● 다윗 왕은 언약궤를 옮기려고 사람을 몇 명 모았나요?

● 언약궤를 옮기다가 죽은 사람은 누구인가요?

● 언약궤를 석 달 동안 집에 두어서 복을 받은 사람은 누구인가요?

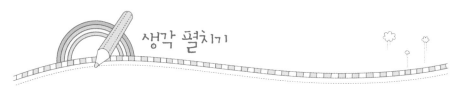

생각 펼치기

● 내가 수레에서 언약궤가 떨어지는 것을 보았다면 어떻게 할까요?

● 찬양 시간에 옆에 있는 친구가 바지가 흘러내리는 것도 모르고 기뻐하며 춤을 춘다면 어떻게 할까요?

● 언약궤를 우리 집으로 모셔온다면 어디에 둘까요?

나를 향한 질문

● 나는 찬양할 때 어떤 마음으로 찬양하는가?

BIG - Bible in God

다윗은 언약궤를 예루살렘으로 모셔오면서 너무 기뻤어요. 한 번의 실수가 있었기 때문에 더욱 감사하고 기뻤어요. 기뻐서 춤을 추다가 바지가 흘러내리는 줄도 몰랐어요. 다윗은 이스라엘의 왕으로 체면을 지켜야 했지만 언약궤를 모셔온다는 것이 너무 기뻐서 기쁨을 주체할 수 없었어요. 지위가 높은 사람이든 낮은 사람이든 하나님 앞에서는 똑같이 기뻐하고 즐거워하는 거예요.

빅 생각

하나님을 찬양할 때는 누구나 어린아이처럼 순수해져야 한다.

내가 집을 짓는다면 어떻게 짓고 싶나요? 그려볼까요?

춤추는 다윗의 모습을 그려보세요.

나는 무엇을 할 때 기분이 좋은지 그려보세요.

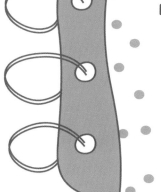

41

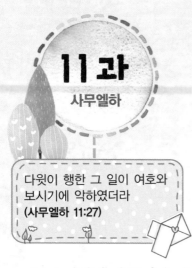

다윗과 밧세바

다윗이 행한 그 일이 여호와
보시기에 악하였더라
(사무엘하 11:27)

이스라엘 군인들은 모두 전쟁터에 나갔어요. 그러나 다윗은 전쟁에 참여하지 않고 왕궁에서 낮잠 자고 일어났어요. 왕궁을 거닐던 다윗을 놀랐어요.

"오! 저렇게 아름다울 수가!" 어떤 집 뒷마당에서 목욕하는 여인을 보았거든요. 다윗은 당장 그 여인이 누구인지 알아오게 했어요.

"그 여인은 암몬과 싸우고 있는 장군 우리아의 아내 밧세바라고 합니다."

다윗은 밧세바를 데려다가 같이 잤어요. 얼마 뒤 밧세바가 임신을 했어요. 다윗은 암몬과 싸우고 있는 우리아를 불렀어요.

"오랜만에 돌아왔으니 집에 가서 아내와 자도록 하라!" 그러나 우리아는 성문에서 잠을 잤어요. 다윗은 놀라 물었어요.

"왜 아내와 함께 있지 않았느냐?"

"부하들은 적들과 싸우고 있는데 혼자만 편안한 잠을 잘 수 없습니다."

밧세바와 강제로 잠을 자게 하여 그의 아기인 것처럼 꾸미려던 다윗의 계획은 실패했어요. 그러자 다윗은 군대장군 요압에게 '우리아를 싸움터에서 제일 위험한 곳으로 보내라'는 편지를 보냈어요. 우리아는 용감하게 싸우다가 죽었어요. 우리아가 죽었다는 소식을 듣고 다윗은 밧세바를 왕궁으로 데려와 부인으로 삼았어요.

하나님께서는 다윗의 한 일에 대해서 기뻐하지 않으셨어요.

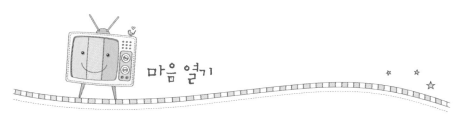

마음 열기

● 친구가 내가 가진 게임기보다 좋은 것을 가지고 있으면 어떤 생각이 드나요?

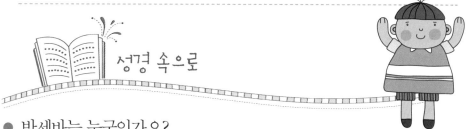

성경 속으로

● 밧세바는 누구인가요?

● 우리아는 왜 집에서 잠을 자지 않았나요?

● 다윗은 요압에게 어떤 내용의 편지를 보냈나요?

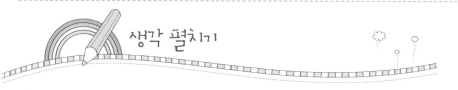

생각 펼치기

● 친구의 장난감이 순간적으로 탐이 나서 몰래 가져왔는데 잘못이라는 것을 깨달았어요. 어떻게 해야 할까요?

● 전쟁을 하고 있는 부하들을 생각해서 편하게 잠을 못 자는 우리아를 보면서 무슨 생각이 드나요?

● '남의 손에 든 떡이 더 커 보인다'는 속담은 무슨 뜻인가요?

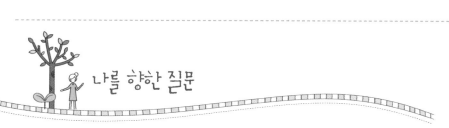

나를 향한 질문

● 다른 사람의 물건을 갖고 싶은 생각이 들 때 어떻게 하나요?

BIG - Bible in God

다윗은 결국 사람까지 죽이는 죄를 저질렀어요. 다윗은 왜 이런 죄를 저지르게 되었을까요? 사울 왕을 죽일 수 있었지만 죽이지 않았던 다윗의 바른 양심은 어디로 간 것일까요? 이는 다윗뿐 아니라 누구든지 죄의 유혹에 빠지면 무서운 결과를 가져온다는 것을 알려 주는 것이에요. 아주 작은 죄일지라도 점점 커진다는 것을 우리는 꼭 기억해야 해요.

죄는 풍선 같아서 언젠가는 터진다.

'다윗과 밧세바'의 이야기를 만화로 그려보세요.

이 정도 알면 나는 성경 선생님

• 낮잠을 자는 다윗

팔레스타인 지역은 한낮에는 몹시 덥기 때문에 낮잠을 자는 관습이 있었다. 그러나 부하들은 적과 싸우고 있는데 왕이 한가롭게 낮잠을 잔다는 것은 잘못된 것이다. 이는 다윗이 그동안의 성공에 힘입어 교만과 나태함에 빠져 있었음을 말하고 있다. 더욱이 이스라엘 군대가 공격하던 랍바는 암몬의 수도로 가파른 산꼭대기에 있는 매우 튼튼한 성이었다.

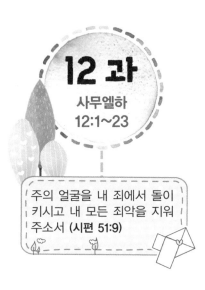

12 과
사무엘하
12:1~23

왕이 바로 그 사람이오!

어느 날 선지자 나단이 다윗을 찾아왔어요.

"양과 소가 많은 부자에게 손님이 찾아왔는데 부자는 자기 양이 아까워 겨우 새끼 양 한 마리만 기르고 있는 옆집의 양을 빼앗아 손님을 대접했습니다. 이 부자를 어떻게 해야 할까요?"

나단의 말을 들은 다윗은 불같이 화를 냈어요.

"저런! 그를 당장 죽여야 마땅합니다."

그러자 나단이 다윗을 꾸짖었어요.

"그 부자가 바로 당신이오. 하나님께서 이 나라를 당신 손에 맡기셨소. 그런데도 부족하여 남의 아내를 빼앗고 죄 없는 남편을 죽였소."

"제가 하나님께 죄를 지었습니다. 용서해주세요!"

다윗은 그제야 자신이 지은 죄를 깨달았어요. 하나님께서는 나단을 통해서 다윗에게 벌을 내리셨어요.

"네 집안에 칼이 끊이지 않을 것이며, 네 아내를 빼앗아 다른 사람에게 줄 것이며, 지금 태어난 아기는 죽을 것이다."

선지자 나단이 돌아가자 밧세바가 낳은 아이가 앓기 시작했어요. 다윗은 금식하며 밤새도록 울며 하나님께 잘못을 빌었어요. 얼마나 울었던지 침대가 다 젖을 정도였어요. 그러나 아기는 칠일 만에 죽었답니다.

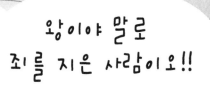

왕이야 말로
죄를 지은 사람이오!!

45

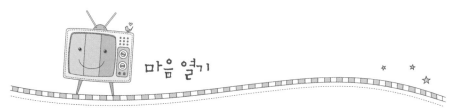

마음 열기

● 소와 양의 공통점을 찾아볼까요? 무엇이 있을까요?

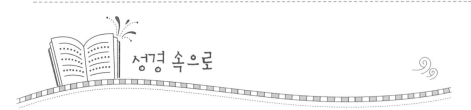

성경 속으로

● 다윗에게 소와 양이 많은 부자의 이야기를 한 선지자는 누구인가요?

● 하나님께서는 다윗에게 어떤 벌을 내리셨나요?

● 다윗의 침대는 왜 젖었나요?

생각 펼치기

● 내가 나단이라면 다윗에게 어떤 말을 하여 죄를 깨닫게 할까요?

● 내가 다윗이라면 나단이 죄를 지적했을 때 어떻게 할까요?

● 죄를 지었음을 깨달았을 때 가장 좋은 방법은 무엇인가요?

빅 생각

회개는 아름다운 것이다.

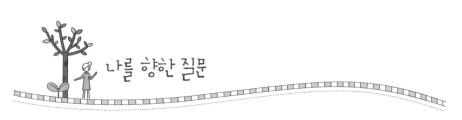

나를 향한 질문

● 나는 다른 사람이 잘못을 말했을 때 받아들일 수 있는가?

옆집 양 한 마리를 빼앗은
부자의 모습을 그려보세요.

양을 빼앗긴 사람의 마음을
그려보세요.

금식할 때(또는 금식을 하고 나서) 제일 먹고 싶은 음식은 무엇인
가요? 그려보세요.

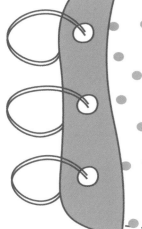

이 정도 알면
나는 성경 선생님

• 압살롬은 누구인가?

다윗의 셋째 아들이며 다말의 친오빠. 다말을 강제로 욕보인 암논
을 죽인 후 어머니의 고향인 그술 땅으로 도망하였다. 삼 년 뒤
예루살렘으로 돌아와 백성들의 환심을 사고 말과 병사들을 준비
하여 반란을 일으켰다. 다윗을 몰아내고 왕위에 올랐으나 다윗 군
대와 싸움에서 도망하다가 긴 머리카락이 상수리나무에 걸려 창
에 찔려 죽었다.

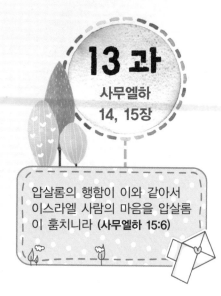

13 과

사무엘하
14, 15장

아버지를 몰아내고 왕이 된 아들

압살롬은 다윗의 셋째 아들인데 이스라엘 사람들 중에서 압살롬같이 아름다움으로 크게 칭찬받는 자가 없었어요(삼하14:25). 그런 압살롬이 아버지 다윗을 몰아내고 자신이 왕이 되려는 계획을 세웠어요.

압살롬은 자신을 위한 많은 호위병을 데리고 성문에 있었어요. 먼 곳에서 억울한 문제를 해결하려고 왕궁으로 찾아오는 사람들에게 말했어요. "저 궁 안에는 당신의 억울함을 풀어줄 사람이 없습니다. 제가 대신해서 잘 해결하도록 하겠습니다."

백성들은 그런 압살롬을 좋아했어요. 압살롬은 이렇게 백성들의 마음을 사로잡았어요. 사 년이 지난 뒤 압살롬은 헤브론에서 많은 사람들을 모아 스스로 왕이 되었어요. 다윗의 신하들이 말했어요. "압살롬이 반역을 일으켰습니다. 어서 몸을 피하셔야 합니다."

다윗은 자기를 따르는 신하와 백성을 데리고 왕궁을 빠져나갔어요. 압살롬은 왕궁을 공격하여 왕이 되었어요.

다윗 군대와 압살롬 군대가 에브라임 숲에서 싸움을 하게 되었어요. 싸움 중에 압살롬은 노새를 타고 달리다가 머리카락이 나뭇가지에 걸려 몸이 매달리게 되었고 이를 본 요압이 압살롬을 죽였어요.

다윗은 다시 왕궁으로 돌아왔지만 아들의 죽음을 알고 슬피 울었답니다.

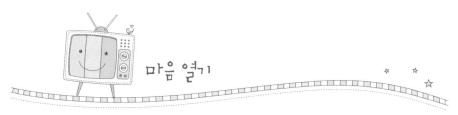

마음 열기

● 가장 친한 친구가 나를 배반하면 마음이 어떨까요?

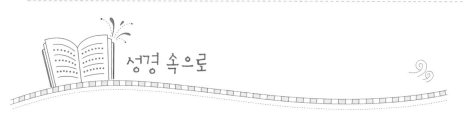

성경 속으로

● 아버지 다윗 왕을 몰아내고 대신 왕이 된 아들은 누구인가요?

● 압살롬은 왕이 되고자 몇 년 동안 계획을 세웠나요?

● 압살롬은 어떻게 죽었나요?

생각 펼치기

● 내가 아버지를 집에서 쫓아내면 어떻게 될까요?

● 아들 압살롬의 반역을 피해 도망가는 다윗의 마음은 어떨까요?

● 아들 압살롬의 죽음을 알고 슬퍼하는 다윗에게 한마디 해보세요.

나를 향한 질문

● 나는 친구와 친하게 지내려고 거짓말을 하지 않나요?

BIG - Bible in God

성경은 압살롬에 대해서 이렇게 말하고 있어요. '온 이스라엘 가운데에서 압살롬같이 아름다움으로 크게 칭찬받는 자가 없었으니 그는 발바닥부터 정수리까지 흠이 없음이라.' 하지만 압살롬은 겉으로 보기에는 멋진 사람이었지만 동생을 죽이고 아버지까지 죽이려고 했어요. 사람은 겉모습만으로 그 됨됨이를 알 수 없답니다.

하나님의 말씀을 가볍게 여기면 큰 어리석음에 빠지게 된다.

앞으로 100년 뒤에 전쟁이 일어
난다면 어떤 무기로 싸우게 될
까요? 그려보세요.

서로 전쟁을 하는 사람들 마음
속에는 무엇이 들어 있을까요?
그려보세요.

압살롬의 죽음을 알고 슬퍼하는 다윗을 그림으로 나타내보세요.

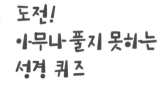

도전!
아무나 풀지 못하는
성경 퀴즈

1. 다윗이 감람산 길로 올라갈 때에 그의 머리를 그가 가리고
맨발로 (   ) 가고 그와 함께 가는 모든 백성들도 각각
자기의 머리를 가리고 (   ) 올라가니라(사무엘하 15:30)
① 웃으며   ② 울며   ③ 노래하며   ④ 춤추며

2. 혹시 여호와께서 나의 (   )을 감찰하시리니 오늘 그 저
주 때문에 여호와께서 선으로 내게 갚아주시리라(사무엘하
16:12)
① 원통함   ② 구통함   ③ 진통함   ④ 소통함

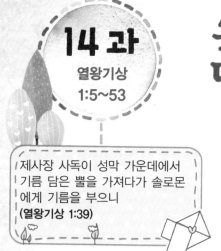

14 과
열왕기상
1:5~53

제사장 사독이 성막 가운데에서 기름 담은 뿔을 가져다가 솔로몬에게 기름을 부으니
(열왕기상 1:39)

솔로몬이 왕이 되다

"이제부터는 내가 왕이다!"

아도니야가 나라의 지도자들을 초대하여 잔치를 벌이고 말했어요. 아도니야는 다윗의 아들로 압살롬의 동생이에요. 이 소식을 듣고 밧세바가 다윗 왕을 찾아갔어요.

"왕께서 솔로몬이 왕이 될 것이라고 하지 않았나요? 그런데 지금 아도니야가 왕이 된다고 잔치를 벌이고 있어요. 누가 왕이 될 것인지 결정해주세요."

이에 다윗은 선지자 나단을 불러 명령했어요.

"솔로몬을 내 노새에 태워 이스라엘의 왕으로 세우시오!"

제사장 사독은 솔로몬의 머리에 기름을 부어 솔로몬이 왕이 되었음을 선포했어요. 백성들이 '솔로몬 왕 만세!'를 부르며 기뻐했어요. 아도니야도 음식을 먹다가 이 소리를 듣고 물었어요.

"이게 무슨 소리요?"
"다윗 왕께서 솔로몬을 왕으로 세우셨다고 합니다. 그래서 백성들이 기뻐서 외치는 소리입니다."

그러자 아도니야의 초청을 받고 왔던 나라의 지도자들은 모두 집으로 돌아갔어요. 아도니야는 스스로 왕이 되려고 했지만 실패하고 솔로몬이 다윗의 뒤를 이어 왕이 되었답니다.

마음 열기

● 스스로 잘난 체하는 사람들을 보면 어떤 생각이 드나요?

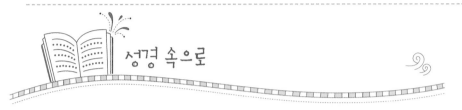

성경 속으로

● 스스로 왕이 되었다고 한 사람은 누구인가요?

● 다윗은 선지자 나단에게 어떤 명령을 했나요?

● 다윗의 뒤를 이어 왕이 된 사람은 누구인가요?

BIG - Bible in God

아도니야는 형 암논과 압살롬이 죽자 순서상으로는 왕위 계승 1위가 되었어요. 그래서 스스로 왕이 되려고 했어요. 그러나 그는 하나님의 뜻이 무엇인지 묻지 않았어요. 그것은 교만함 때문이에요. 하나님의 뜻은 솔로몬을 왕으로 세우는 것이었어요. 많은 계획과 준비를 했어도 솔로몬이 왕이 되는 것을 막을 수 없었어요. 사람의 야망과 욕심이 아무리 커도 하나님의 뜻을 꺾을 수는 없답니다.

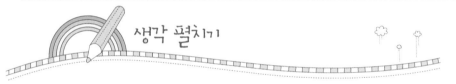

생각 펼치기

● 한 나라에 왕이 두 명이면 어떤 일이 벌어질까요?

● 회장 선거를 하지 않았는데 "내가 반장이다!"라고 말한다면 다른 친구들이 뭐라고 말할까요?

● 교만한 친구가 있다면 어떻게 조언하면 좋을까요? 그 이유는?

빅 생각

내 생각과 하나님의 뜻이 다를 때는 내 생각을 버리는 것이 옳다.

나를 향한 질문

● 늘 겸손한 마음으로 사람들을 대하는가?

'솔로몬이 왕이 되다'의 이야기를 만화로 그려보세요.

이 정도 알면 나는 성경 선생님

• 아도니야의 최후

왕위에 오른 솔로몬은 아도니야를 살려주었다. 그 뒤 아도니야는 다윗의 후궁이었던 아비삭을 아내로 달라는 요청을 밧세바를 통해서 했다. 당시에는 왕의 후궁을 자신의 아내로 삼으면 왕으로 인정받게 되는 풍습이 있었다. 아도니야는 이것을 노렸으나 솔로몬이 그의 속셈을 알고 친위 대장인 브나야에게 죽이도록 명령했다.

아기를 둘로 나누어라!

듣는 마음을 종에게 주사 주의 백성을 재판하여 선악을 분별하게 하옵소서 (열왕기상 3:9)

"저 여인이 내 아기를 빼앗으려고 합니다."

"아닙니다. 저 나쁜 여자가 몰래 빼앗아 간 것입니다."

어느 날 솔로몬 왕에게 한 아기를 놓고 서로 자기 아기라고 우기는 두 여자가 왔답니다. 참으로 어려운 문제였어요. 스무 살에 왕이 된 솔로몬은 하나님께 백성들을 잘 다스릴 수 있도록 지혜를 달라고 기도했어요. 하나님께서는 솔로몬에게 뛰어난 지혜를 주셨어요.

솔로몬은 깊이 생각한 다음 신하에게 말했어요.

"칼로 저 아기를 둘로 나누어 두 여자에게 주어라!"

솔로몬 왕이 아기를 둘로 나누라고 하자 사람들은 깜짝 놀랐어요.
병사가 막 칼을 들어 아기를 치려고 할 때였어요.

"안 됩니다. 차라리 아기를 저 여자에게 주세요."

한 여자가 울면서 병사의 다리를 잡았어요. 그러나 다른 한 여자는 좋다고 했어요. 이를 본 솔로몬이 판결을 했어요.

"아기를 살리려는 저 여자가 진짜 아기 엄마다."

솔로몬의 판결은 정확했어요. 이 소문은 이웃 나라에도 널리 퍼졌어요. 백성들은 하나님의 지혜가 솔로몬과 함께함을 믿고 왕을 존경하게 되었답니다.

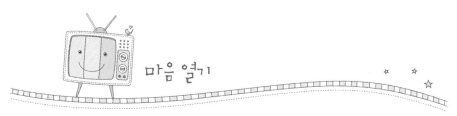

마음 열기

● 친구가 내 물건을 자기 것이라고 우기면 어떻게 해야 할까요?

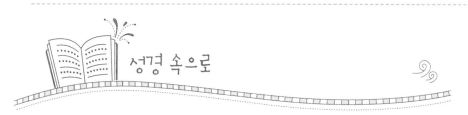

성경 속으로

● 솔로몬을 찾아온 여자들은 어떤 문제를 가지고 왔나요?

● 솔로몬은 두 여자에게 어떤 판결을 내렸나요?

● 솔로몬은 몇 살에 왕이 되었나요?

생각 펼치기

● 장난감을 서로 자기 것이라고 주장하는 두 사람이 나를 찾아와서 판결을 부탁하면 어떤 방법으로 진짜 주인을 가려낼 건가요?

● 진실과 거짓을 구별하는 방법에는 어떤 것이 있나요?

● 솔로몬 왕이 아기를 반으로 나누지 말고 다른 여자에게 주라고 말한 여자가 진짜 엄마라고 판결한 이유는 무엇인가요?

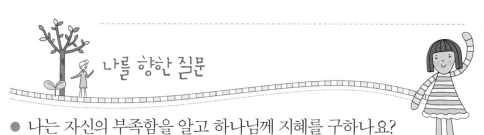

나를 향한 질문

● 나는 자신의 부족함을 알고 하나님께 지혜를 구하나요?

BIG - Bible in God

솔로몬은 나라를 잘 다스리기 위해서 하나님께 지혜를 구했어요. 하나님께서는 솔로몬에게 지혜를 주셨어요. 참된 지혜는 하나님에게서 온답니다. 하나님께서 솔로몬에게 지혜를 주셨듯이 우리도 하나님께 지혜를 구하면 주실 거예요.

너희 중에 누구든지 지혜가 부족하거든 모든 사람에게 후히 주시고 꾸짖지 아니하시는 하나님께 구하라 그리하면 주시리라 (야고보서 1:5)

'지혜' 하면 떠오르는 것이 무엇인가요? 그려보세요.

나라를 다스리는 데 필요한 것이 무엇이 있을까요? (그림을 그리거나 필요한 것을 써보세요.)

'엄마의 사랑'을 그림으로 나타내보세요.

도전!
아무나 풀지 못하는
성경 퀴즈

1. 온 이스라엘이 왕이 심리하여 판결함을 듣고 왕을 두려워하였으니 이는 (   )가 그의 속에 있어 판결함을 봄이더라(열왕기상 3:28)

① 왕의 지혜   ② 똑똑한 머리
③ 하나님의 지혜   ④ 놀라운 비밀

2. 사람들이 솔로몬의 (   )를 들으려왔으니 이는 그의 지혜의 소문을 들은 천하 모든 왕들이 보낸 자들이더라(열왕기상 4:34)

① 노래   ② 이야기   ③ 시   ④ 지혜

솔로몬이 칠년 동안 성전을 건축하였더라 (열왕기상 6:38)

성전을 짓는 솔로몬

"하나님께 예배드릴 성전을 지을 것이오!"

솔로몬이 왕이 된 지 사 년이 지났고, 이스라엘 백성들이 애굽에서 나온 지 480년이 되었어요. 솔로몬 왕이 성전을 짓는다는 소식이 알려지자 이웃 나라에서 백양목과 잣나무를 보내왔어요. 또 전국에서 사람들이 몰려왔어요. 돌을 깎는 사람, 돌을 운반하는 사람 등 모두가 자신이 맡은 일을 열심히 했답니다.

두로 사람 히람은 놋으로 무엇이든지 만들 수 있는 기술자였어요. 그는 놋대야와 놋받침대, 놋기둥, 놋제단 등 놋으로 된 모든 것들을 만들었어요.

칠 년에 걸친 노력 끝에 아름다운 성전이 완성되었어요.

"언약궤를 성전으로 옮기도록 하시오!"

솔로몬의 명령에 따라 제사장과 레위 사람들이 언약궤를 새로 지은 성전으로 옮겼어요. 제사장들이 언약궤를 성소에 옮겨놓고 나오자 구름이 성전에 가득 찼어요. 하나님께서 성전에 나타나신 거예요. 솔로몬은 큰 소리로 백성들에게 말했어요.

"하나님을 찬양합시다! 하나님께서 주신 모든 율법과 명령을 잘 지킵시다!"

그리고 온 백성들과 함께 하나님께 제사를 드렸어요. 하나님께서 솔로몬이 지은 성전을 기뻐하셨답니다.

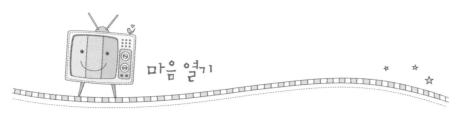

마음 열기

● 별에 집을 짓는다면 어느 별에 짓고 싶나요? 그 이유는?

성경 속으로

● 두로 사람 히람은 무엇을 하는 사람이었나요?

● 성전은 몇 년 동안 지었나요?

● 제사장들이 성소에 언약궤를 옮겨놓자 성전에 무엇이 가득 찼나요?

BIG - Bible in God

성전을 짓는 데는 많은 사람들이 동원되었어요. 그들은 모두 자기가 맡은 일을 열심히 했어요. 하나님의 일은 큰일과 작은 일, 더 중요한 일과 덜 중요한 일이 없어요. 교회를 청소하는 일, 의자를 바르게 놓는 일, 휴지 하나를 줍는 일 등 모두가 중요하고 하나님께서 기뻐하시는 일이에요. 일의 크기보다 하나님을 향한 내 사랑의 크기가 더 중요하답니다.

생각 펼치기

● 내가 솔로몬 시대에 살고 있다면 성전을 지을 때 어떻게 드릴까요?

● 지금 우리 교회가 예배당을 짓는다면 나는 무엇을 드릴 수 있나요?

● 어떻게 하면 하나님께서 기뻐하실까요?

빅 생각

하나님의 일에는 크고 작음이 없다. 모두 중요하고 귀한 일이다.

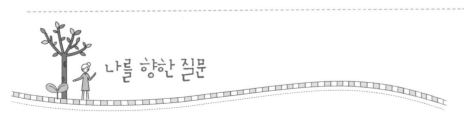

나를 향한 질문

● 나는 교회나 집을 깨끗하게 하기 위해 어떤 일을 하나요?

'성전을 짓는 솔로몬'의 이야기를 만화로 그려보세요.

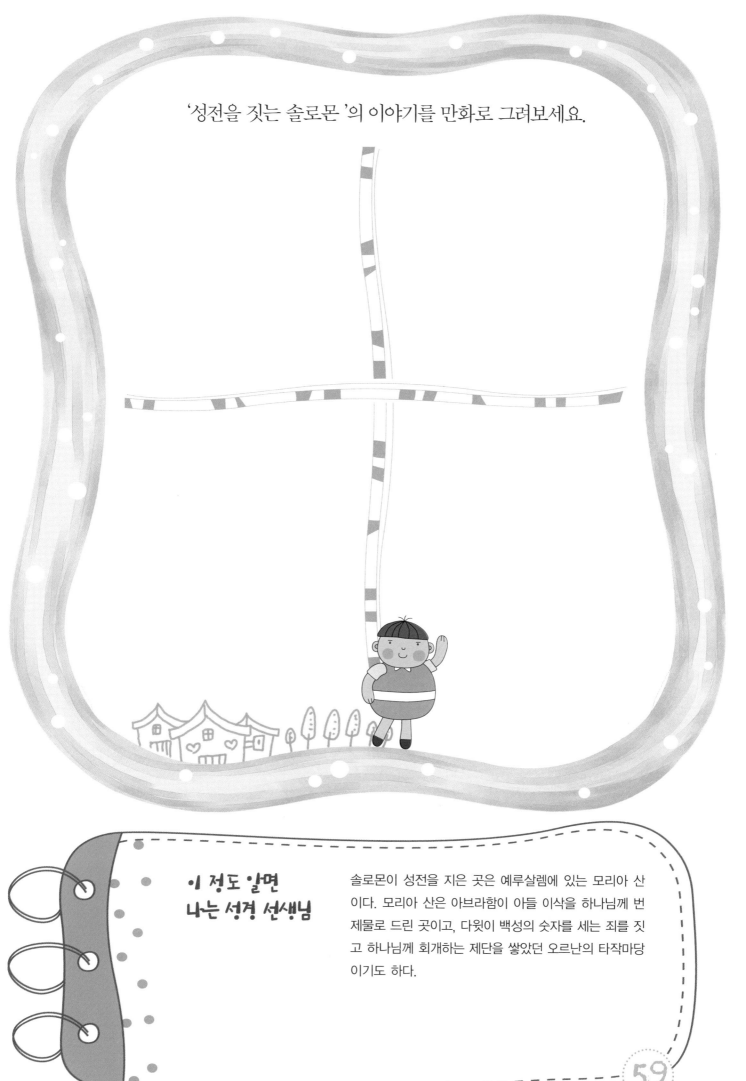

이 정도 알면
나는 성경 선생님

솔로몬이 성전을 지은 곳은 예루살렘에 있는 모리아 산이다. 모리아 산은 아브라함이 아들 이삭을 하나님께 번제물로 드린 곳이고, 다윗이 백성의 숫자를 세는 죄를 짓고 하나님께 회개하는 제단을 쌓았던 오르난의 타작마당이기도 하다.

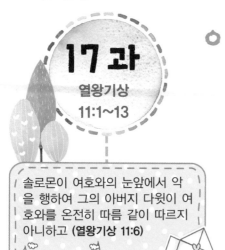

이방 여인들을 사랑한 솔로몬

솔로몬이 여호와의 눈앞에서 악을 행하여 그의 아버지 다윗이 여호와를 온전히 따름 같이 따르지 아니하고 (열왕기상 11:6)

"당신은 정말로 세상에서 제일가는 지혜자이십니다."

세상에서 가장 지혜롭다고 자랑하는 스바의 여왕도 솔로몬을 이렇게 칭찬했어요. 솔로몬의 지혜로운 통치는 이스라엘을 더욱 강하게 만들었어요. 솔로몬은 왕궁도 화려하게 지었어요.

솔로몬은 이름이 널리 알려지자 교만해졌어요. 오직 하나님만 섬기겠다는 약속을 잊어버리고 우상을 섬겼어요. 애굽 왕의 딸을 좋아하고 후궁들도 천 명이나 되었어요. 외국에서 시집온 여자들이 솔로몬에게 말했어요.

"우리의 신 아스다롯을 섬기게 해주세요."

우상들을 위한 신당이 궁 안에 세워졌어요. 솔로몬은 아버지 다윗처럼 하나님을 잘 섬기지 못했어요. 하나님께서 솔로몬에게 화를 내셨어요.

"네가 언약과 율법을 지키지 않으니 이 나라를 둘로 쪼갤 것이다."

솔로몬은 사십 년간 나라를 다스리면서 이스라엘을 가장 강하게 만들었어요. 또 잠언과 많은 시를 지었어요. 그러나 솔로몬은 끝까지 하나님의 말씀을 지키지 못하는 잘못을 저질렀어요.

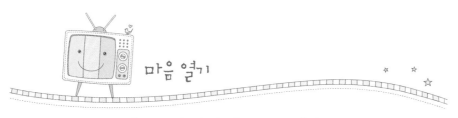

마음 열기

● 우리나라 역사에서 가장 강한 왕은 누구인가요?

성경 속으로

● 솔로몬을 찾아온 여왕은 누구인가요?

● 솔로몬은 어떤 잘못을 저질렀나요?

● 솔로몬은 나라를 몇 년 동안 다스렸나요?

생각 펼치기

● 내가 전국 1등을 계속한다면 어떤 생각이 들까요?

● 사람들이 나에게 "당신은 세상에서 제일가는 지혜자입니다."라고 말한다면 어떤 느낌이 들까요?

● 내가 솔로몬이라면 우상을 섬기게 해달라는 여자들에게 뭐라고 할 까요?

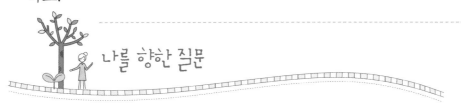

나를 향한 질문

● 내가 가진 모든 것이 하나님께서 주셨다는 것을 믿는가?

빅 한마디

BIG - Bible in God

하나님께서는 솔로몬을 세상에서 제일가는 지혜로운 사람이 되도록 해주셨어요. 그러나 솔로몬은 하나님께서 주신 지혜를 지혜롭게 사용하지 못했어요. 자신의 이름이 높아지자 교만해졌기 때문이에요. 결국 솔로몬은 우상까지 섬기는 잘못을 저질렀어요. 지혜가 아무리 높아도, 재산이 아무리 많아도, 공부를 아무리 잘해도 하나님을 멀리한다면 그런 것들은 아무 소용이 없답니다.

빅 생각

하나님의 뜻에 맞춰 살려고 노력하는 사람을 하나님께서는 사랑하신다.

'교만'을 생각할 때 떠오르는
성경 속 인물은 누구인가요?
그려볼까요.

우상을 섬기는 솔로몬에게
화를 내시는 하나님의 마음
을 표현해보세요.

말씀을 끝까지 잘 지키겠다는 다짐을 그림으로 그려보세요.

**이 정도 알면
나는 성경 선생님**

• 스바 여왕

스바는 지금의 예멘에 있던 나라로 향료, 보석, 황금 등의 무역 중
심지였다. 스바 여왕의 방문 목적은 여러 나라와 무역을 활발하게
하고 있던 이스라엘과 좋은 관계를 맺어서 향료와 보석을 더 많이
팔기 위해서였다. 또 스스로 지혜가 높다고 여겼던 여왕이 솔로몬
과 지혜를 겨루어보고 싶었던 마음도 있었던 것 같다. 이것은 솔로
몬의 명성이 그만큼 높았다는 것을 말해준다.

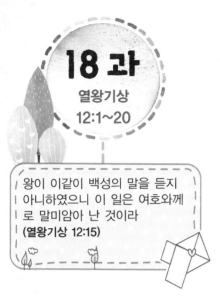

왕이 이같이 백성의 말을 듣지
아니하였으니 이 일은 여호와께
로 말미암아 난 것이라
(열왕기상 12:15)

둘로 갈라진 이스라엘

"새로운 왕께서는 우리의 멍에를 가볍게 하여주십시오."

솔로몬이 죽자 아들 르호보암이 왕위에 올랐어요. 북쪽의 열지파 대표들이 모여 왕에게 말했어요. 백성들은 솔로몬 왕 때 많은 세금을 냈기 때문에 새 왕의 아래서는 짐을 덜고 싶었답니다. 그러나 르호보암 왕은 노인들의 충고를 무시하고 젊은이들의 충고를 받아들여 백성들의 말을 거절했어요.

"나는 멍에를 더 무겁게 할 것이다!" "그렇다면 우리는 당신을 왕으로 섬길 수 없소."

대표들은 실망하고 화가 나서 돌아갔어요. 그러나 르호보암 왕은 도리어 감독관을 북이스라엘로 보냈어요.

"더 심한 일을 시키고 놀지 못하도록 감시하라!"

그러자 북이스라엘 사람들은 불같이 화를 냈어요.

"도대체 우리를 뭐로 보는 거야? 그 사람을 죽여 없애버리자!"

감독관은 북이스라엘에 도착하자마자 성난 백성들의 돌에 맞아 죽었어요. 이 소식을 들은 르호보암 왕은 군대를 일으켜 싸움을 하려고 했어요. 그러나 하나님께는 같은 민족끼리 싸우면 안 된다고 말리셨어요.

북이스라엘 사람들은 여로보암을 왕으로 세웠어요. 여로보암은 수도를 세겜으로 정했어요. 이리하여 이스라엘은 남유다와 북이스라엘로 나누어지게 되었답니다.

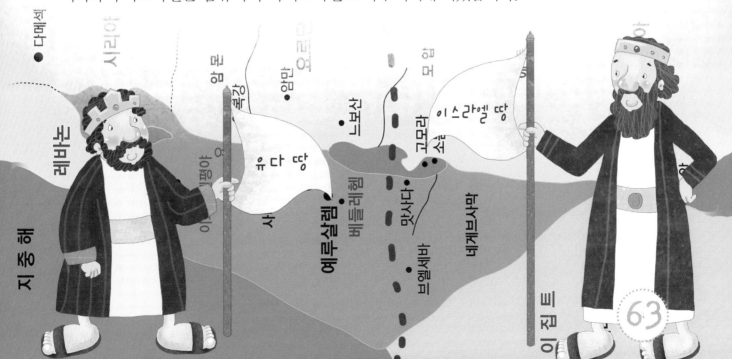

마음 열기

● 무거운 짐을 어떻게 하면 가볍게 할 수 있을까요?

성경 속으로

● 열 지파 대표들은 르호보암에게 어떤 요구를 했나요?

● 르호보암은 백성들의 요구를 거절하면서 무슨 말을 했나요?

● 북이스라엘의 왕이 된 여로보암은 수도를 어디에 세웠나요?

생각 펼치기

● 내가 르호보암이라면 열 지파 대표들이 와서 세금을 적게 내게 해달라고 할 때 누구와 상의할까요? 왜 그 사람과 상의하나요?

● 우리 집에서는 문제가 생겼을 때 어떻게 결정하나요?
   ① 아버지(엄마)가 혼자서 결정하신다. (   )
   ② 모두 모여서 의견을 말한 후에 결정한다. (   )
   ③ 모두 모여 기도하고 결정한다. (   )
   ④ 기타

나를 향한 질문

● 나는 나와 의견이 다른 생각을 가지고 있는 친구와도 잘 지내는가?

빅 한마디

BIG - Bible in God

나이가 많다고 해서 반드시 지혜로운 것은 아니에요. 그러나 살면서 여러 가지 일을 겪다보면 많은 지혜가 생긴답니다. 그래서 어른의 이야기를 잘 듣는 것은 매우 중요해요. 특히 신앙에 있어서도 선배의 충고를 잔소리로 듣지 말고 잘 새겨들으면 자신에게 유익하답니다.

빅 생각

좋은 충고를 하는 친구는 금보다 더 귀하다.

걱정거리가 있는 내 마음을 그려 보세요.

'지혜로운 마음'과 '어리석은 마음'을 비교해서 그려볼까요?

'불같이 화를 내는 마음'과 '즐거운 마음'을 저울에 달면 각각 몇 그램이 될까요?.

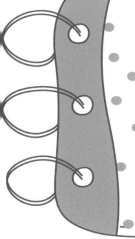

도전!
아무나 풀지 못하는 성경 퀴즈

1. 왕이 노인들이 자문하는 것을 버리고 자기 앞에 모셔 있는 자기와 함께 자라난 (   ) 사람들과 의논하여(열왕기상 12:8)
① 공부 잘하는   ② 어린   ③ 돈 많은   ④ 말 잘하는

2. 그가 자기 (   ) 정한 달 곧 여덟째 달 열다섯째 날로 이스라엘 자손을 위하여 절기로 정하고 벧엘에 쌓은 제단에 올라가서 분향하였더라(열왕기상 12:33)
① 선생님과 함께   ② 마음대로
③ 친구들과   ④ 가족과

65

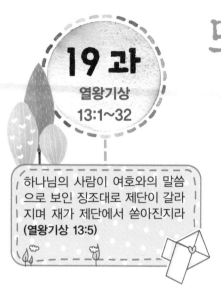

무너진 벧엘의 제단

하나님의 사람이 여호와의 말씀으로 보인 징조대로 제단이 갈라지며 재가 제단에서 쏟아진지라
(열왕기상 13:5)

'백성들이 예루살렘으로 제사를 드리러갔다가 돌아오지 않으면 어떡하지?'

북이스엘 왕 여로보암은 이런 걱정을 했어요. 그래서 벧엘과 단에 금송아지를 만들어놓았어요.

"우리의 신은 이 금송아지다. 앞으로는 이곳에서 제사를 드려라!"

여로보암 왕은 레위 사람이 아닌 사람으로 제사장을 삼고 절기의 날짜도 마음대로 바꿨어요. 하나님께서는 이것을 경고하기 위해 한 선지자를 왕에게로 보냈어요. 마침 여로보암 왕이 우상의 제단에 절을 하려고 할 때였어요. 선지자가 말했어요. "이 제단이 갈라질 것이다!"

여로보암 왕은 갑자기 나타난 선지자의 저주에 놀라 소리쳤어요. "저놈을 당장 끌어내라!"

그러자 왕의 손이 뻣뻣하게 굳어지고 제단이 갈라져 재가 쏟아져 내렸어요. 놀라운 기적을 본 사람들은 아무도 선지자에게 손을 대지 못했어요. "제가 잘못했습니다. 함께 왕궁으로 가시지요."

여로보암이 자신의 잘못을 말하자 왕의 손은 다시 회복되었어요. 왕이 선지자에게 왕궁으로 가자고 한 것은 많은 재물을 주어 자신에게 내린 저주를 바꾸려는 마음 때문이었어요. 선지자는 왕의 초청을 거절하고 돌아갔어요.

여로보암 왕은 하나님의 경고를 받고도 우상의 제단을 버리지 않았어요. 결국 그 죄 때문에 그의 집안은 멸망했답니다.

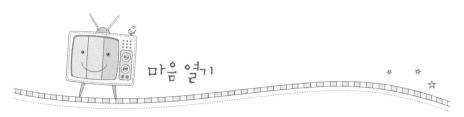

마음 열기

● 여로보암이 만든 금송아지는 가격이 얼마나 될까요?

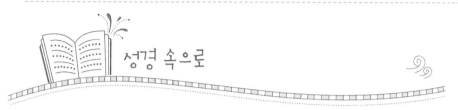

성경 속으로

● 여로보암은 벧엘과 단에 무엇을 만들었나요?

● 여로보암은 무엇을 마음대로 바꾸었나요?

● 여로보암이 선지자에게 많은 재물을 주려고 한 이유는 무엇인가요?

생각 펼치기

● 나를 좋아하던 친구가 나를 싫어하게 되면 어떤 생각이 드나요?

● 내가 왕인데 백성들이 다른 나라로 가서 오지 않는다면 어떻게 할까요?

● 내가 여로보암이라면 선지자에게 어떻게 했을까요?

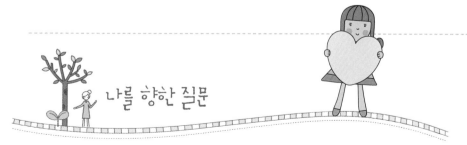

나를 향한 질문

● 나는 죄를 멀리하려는 결단력을 가진 사람인가?

BIG - Bible in God

여로보암은 자기 나라 백성들이 예루살렘으로 갔다가 다시 돌아오지 않을 것을 걱정해서 우상을 만들어 섬기도록 했어요. 하나님께 드리는 제사도 율법에 정한 대로 하지 않고 자기 맘대로 했어요. 하나님께서는 선지자를 통해서 잘못을 깨닫도록 기회를 주셨지만 여로보암은 회개하지 않았어요. 회개의 기회가 왔을 때 결단하는 용기 있는 사람이 되기를 바랍니다.

죄에서 돌아서는 결단력 있는 사람은 성공한 인생이다.

여로보암이 선지자에게 무엇을
주려고 했는지 그려볼까요?

우상에게 절하는 여로보암의
마음을 그려보세요.

우상은 어떤 냄새를 가지고 있을까요?
그 냄새를 그림으로 나타내보세요.

이 정도 알면
나는 성경 선생님

• 여로보암

솔로몬의 타락으로 선지자 스마야에 의해 북쪽의 열 지파를 다
스리도록 하나님께 명령을 받은 왕이다. 그러나 금송아지를 숭
배하며 자기 마음대로 제사를 드려 우상숭배의 원조가 되었다.
북이스라엘 왕국을 22년 동안 다스리다가 죽었으며 그의 아들
나답은 왕위에 오른 지 2년 만에 죽어 대가 끊겼다.

엘리야에게 음식을 나르는 까마귀

그 시냇물을 마시라 내가 까마
귀들에게 명령하여 거기서 너
를 먹이게 하리라
(열왕기상 17:4)

아합이 북이스라엘의 왕이 되었어요. 그런데 아합 왕은 하나님 보시기에 나쁜 일을 했어요. 아합 왕은 시돈 왕의 딸 이세벨과 결혼하였어요. 이세벨이 명령했어요.

"이제부터 바알 신을 섬기지 않는 백성들에게는 큰 벌을 내릴 것이다!"

아합 왕은 사마리아에 큰 바알 신당을 세웠어요. 하나님께서는 선지자 엘리야를 통해 왕에게 하나님의 말씀을 전했어요.

"이스라엘에 몇 년 동안 비 한 방울 내리지 않으리라!"

"뭣이라고? 저놈을 잡아 죽여라!"

아합과 이세벨은 잘못을 뉘우치지 않았어요. 하나님께서는 엘리야를 그릿 시냇가에 숨게 하셨어요. 자신을 저주하는 엘리야를 죽이지 못한 아합 왕은 화가 났어요. 그래서 하나님을 섬기던 선지자 백 명을 찾아 모두 죽였어요.

먹을 것이 없는 곳에 있어도 엘리야는 걱정하지 않았어요. 하나님을 믿었기 때문이에요. 아침저녁으로 까마귀가 빵과 고기를 물고 와서 엘리야에게 주었어요.

"오! 까마귀야 고맙다. 아주 맛있는 떡을 가져왔구나!"

엘리야는 까마귀가 물고 온 떡과 고기를 먹고 살았답니다.

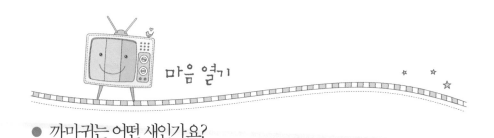

마음 열기

● 까마귀는 어떤 새인가요?

성경 속으로

● 아합 왕은 누구와 결혼했나요?

● 아합과 이세벨은 하나님의 선지자를 몇 명이나 죽였나요?

● 그릿 시냇가에게 엘리야는 어떻게 먹고 살았나요?

생각 펼치기

● 삼년 동안 비가 오지 않는 가뭄이 든다면 어떻게 될까요?

● 지금 우리 집에 먹을 것이 하나도 없다면 어떨까요?

● 까마귀가 내게 먹을 것을 물고 왔다면 뭐라고 할까요?

나를 향한 질문

● 나의 길을 인도하시는 분이 하나님이심을 믿는가?

빅 한마디
BIG - Bible in God

까마귀는 남의 둥지를 빼앗고 농작물을 해치기도 하며 먹는 것에 욕심이 많은 새입니다. 성경에서는 까마귀가 부정한 새라고 말씀하고 있어요. 그런 까마귀가 고기와 떡을 자신이 먹지 않고 엘리사에게 갖다 주었다는 것은 하나님의 손길이 아니면 불가능한 일이에요. 나쁜 것도 하나님의 손에 들리면 좋은 것으로 사용된답니다.

빅 생각

어디서 무엇을 하든지 하나님께서 보고 계심을 잊지 말자.

시원한 물맛을 그려보세요.

까마귀가 물고 온 고기 맛은 어떠했을까요? 그 맛을 그려 보세요.

사막에서 물을 먹을 수 있는 방법을 그려보세요.

• 성경 속에 나오는 까마귀는 어떤 새일까요?

까마귀는 노아의 홍수 때에 처음으로 등장한다. 노아는 홍수가 끝나고 까마귀를 날려 보냈다. 땅이 말랐는가를 알아보기 위해서였다. 그러나 까마귀는 돌아오지 않았다. 썩은 시체를 먹느라고 정신이 없었기 때문이다. 이처럼 까마귀는 썩은 시체를 좋아한다. 이런 까마귀가 엘리야에게 떡과 고기를 물고 온 것은 하나님만이 하실 수 있는 일이다.

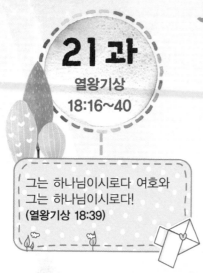

21과
열왕기상
18:16~40

거짓 선지자와 엘리야의 대결

> 그는 하나님이시로다 여호와
> 그는 하나님이시로다!
> (열왕기상 18:39)

엘리야가 아합 왕에게 말했어요.

"내일 바알과 아세라의 선지자들을 모두 갈멜 산으로 모이게 하시오. 그곳에서 살아 있는 참신이 누구인지 가려봅시다."

갈멜 산에는 많은 백성들이 우상 선지자와 엘리야의 대결을 보기 위해 모였어요. 바알의 선지자들이 소를 잡아 장작더미에 올려놓았어요. 엘리야가 말했어요. "자! 바알의 선지자들아! 제단에 불을 내리도록 해봐라!"

바알의 선지자들이 소리쳤어요. "바알 신이여! 이 제단에 불을 내리소서!"

그러나 한낮이 되어도 불은 내려오지 않았어요. 엘리야가 소리쳤어요.

"소리가 작아서 바알 신이 못 듣는 게 아닌가? 더 크게 이름을 불러보라!"

바알 선지자들은 칼로 자신들의 몸에 피를 내며 바알 신을 불렀지만 소용이 없었어요. 그때 엘리야가 아합 왕이 무너뜨린 제단을 다시 쌓았어요. 그리고 소를 잡아 올려놓고 물이 제단에서 흘러넘치도록 붓고 하나님께 기도했어요.

"앗! 불이다! 하늘에서 불덩이가 떨어진다!"

엘리야의 기도가 끝나기 무섭게 하늘에서 불이 내렸어요. 백성들은 엎드려 떨며 하나님을 찬양했고 엘리야는 바알 선지자들을 죽이도록 했어요. 엘리야는 하나님께 비를 내려달라고 기도했어요. 하나님께서는 엘리야의 기도를 들으시고 가뭄으로 고생하는 백성들에게 비를 내려주셨어요.

● 나는 화가 나면 어떻게 하나요?

● 이스라엘 백성들이 갈멜 산에 왜 모였나요?

● 바알의 선지자들은 하늘에서 불이 내리지 않자 자신들의 몸을 어떻게 했나요?

● 엘리야 선지자는 제단에 무엇을 부었나요?

BIG - Bible in God

엘리야는 갈멜 산에 모여 든 백성들에게 "언제까지 바알 신과 하나님 사이에서 왔다갔다하겠느냐?"고 하며 확실하게 하나님만을 선택하라고 말했어요. 하나님과 다른 신을 동시에 섬길 수는 없답니다. 그것은 오직 하나님만이 참신이시기 때문이지요. 교회에 갈까말까 고민하지 마세요. 하나님을 선택하는 것을 두려워하지 말아야 해요. 하나님만이 생명의 길이기 때문이에요.

● 내가 엘리야라면 바알 선지자들을 향해서 어떤 말을 할까요?

● 내가 갈멜 산에 있었다면 바알 선지자들을 어떻게 할까요?

● 기도할 때 하늘에서 불덩어리가 떨어진다면 어떻게 할까요?

신앙뿐 아니라 어떤 일이든지 우유부단함은 좋은 열매를 맺지 못한다.

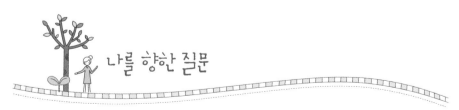

● 비를 내리게 했던 엘리야도 우리와 똑같은 사람이었음을 믿나요?

'거짓 선지자와 엘리야의 대결' 이야기를 만화로 그려보세요.

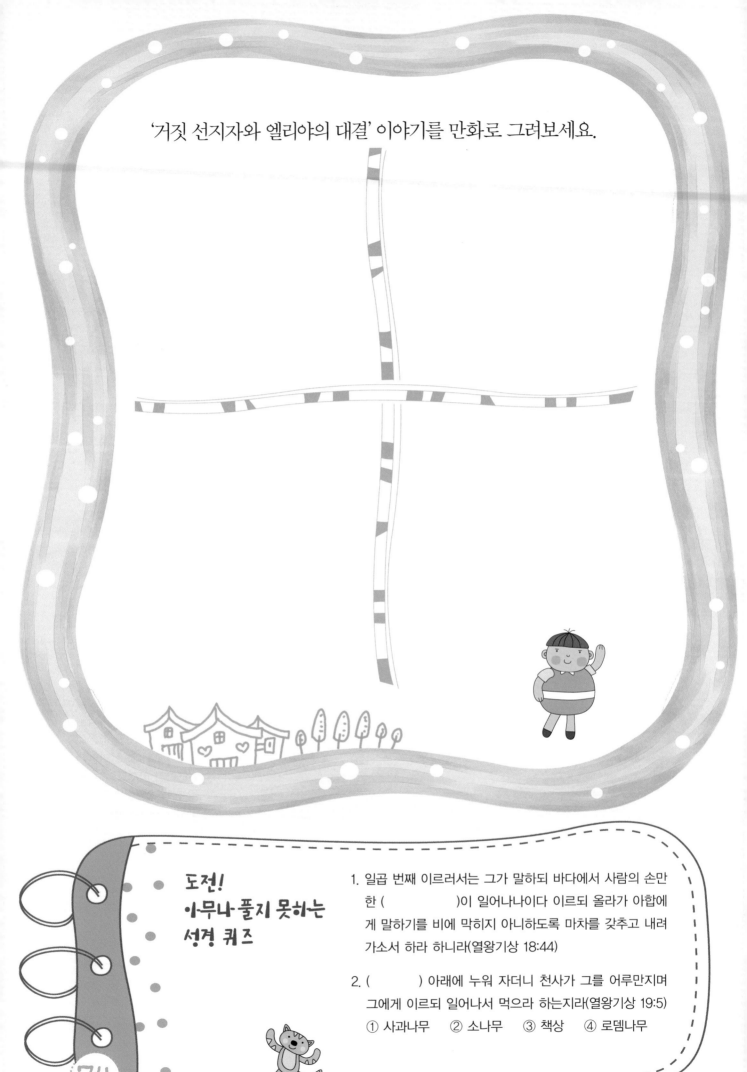

도전!
아무나 풀지 못하는
성경 퀴즈

1. 일곱 번째 이르러서는 그가 말하되 바다에서 사람의 손만 한 (   )이 일어나나이다 이르되 올라가 아합에게 말하기를 비에 막히지 아니하도록 마차를 갖추고 내려가소서 하라 하니라(열왕기상 18:44)

2. (   ) 아래에 누워 자더니 천사가 그를 어루만지며 그에게 이르되 일어나서 먹으라 하는지라(열왕기상 19:5)
① 사과나무   ② 소나무   ③ 책상   ④ 로뎀나무

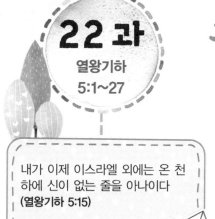

요단강에서 씻어라!

내가 이제 이스라엘 외에는 온 천하에 신이 없는 줄을 아나이다
(열왕기하 5:15)

아람 나라의 나아만 장군이 나병을 고치기 위해 많은 금은보화와 군사들을 이끌고 엘리사를 찾아왔어요. 엘리사는 기름 한 병으로 수십 병을 만들었고 죽은 아이를 살려내는 기적을 일으켰던 선지자예요. 나아만 장군은 그 소문을 듣고 병을 고치기 위해 찾아온 거예요.

엘리사는 자신을 찾아온 나아만 장군을 만나지 않았어요. 그리고 심부름꾼을 시켜 나아만 장군에게 말을 전했어요.

"요단강에 가서 일곱 번 씻어라!"

이 말을 들은 나아만은 화를 냈어요.

"요단 강물에 씻으라고? 이것은 나를 놀리려고 하는 짓이 아닌가?"

나아만 장군은 그냥 돌아가려고 했어요. 그때 한 지혜로운 종이 말했어요.

"선지자의 말이니 한번 해보시는 게 어떻겠습니까?"

나아만은 마지못해 요단강으로 가서 몸을 씻었어요. 일곱 번째 요단 강물에 담그고 나오자 나아만과 그를 지켜보던 병사들은 깜짝 놀랐어요. 어느새 나아만의 몸이 어린아이처럼 깨끗하게 되어 있었기 때문이에요.

"이스라엘의 하나님은 진정 살아계신 분이십니다."

나아만 장군은 하나님을 찬양하며 돌아갔어요.

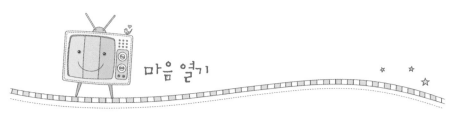

마음 열기

● 내가 키우는 강아지가 내 말을 잘 안 듣는다면 어떤가요?

성경 속으로

● 아람 장군 나아만은 왜 엘리사를 찾아왔나요?

● 엘리사는 나아만 장군에게 어떻게 하라고 했나요?

● 나아만 장군은 요단강 물에 몸을 몇 번 담갔나요?

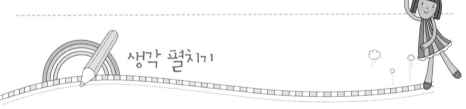

생각 펼치기

● 내가 나아만 장군이라면 요단강에 가서 일곱 번 씻으라는 엘리사의 말에 어떻게 할까요?

● 몸이 깨끗하게 된 나아만 장군에게 축하의 말 한마디를 해주세요.

● 아픈 몸을 하나님께서 고쳐주시면 무슨 말을 할까요?

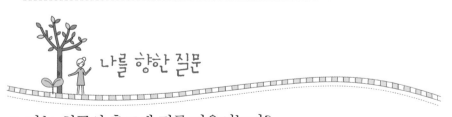

나를 향한 질문

● 나는 친구의 충고에 귀를 기울이는가?

빅 한마디

BIG - Bible in God

나아만은 아람 나라의 장군이에요. 그런 그가 요단강 물에 몸을 담근다는 것은 쉬운 일이 아니었어요. 아람 나라는 이스라엘보다 힘이 센 나라였어요. 또 군대장관의 체면으로 그런 행동을 한다는 것은 자존심 상하는 일이었을 거예요. 그럼에도 나아만 장군은 엘리사의 말에 순종했어요. 하나님 말씀에 순종한다는 것은 지위나 체면을 따지는 게 아니에요. 나아만 장군은 순종했기 때문에 병을 고칠 수 있었어요.

빅 생각

하나님께서는 겸손한 자에게 은혜를 주신다.

나아만 장군이 가지고 온 금은보화는 어떤 것이었는지 그려보세요.

'소문'은 어떤 모양일까요? 나타내보세요.

지혜로운 사람을 꽃으로 표현한다면 어떤 꽃이 될까요?

'화를 내는 마음'을 색깔로 표시한다면 무슨 색일까요?

이 정도 알면 나는 성경 선생님

• 나아만 장군이 가지고 온 은 10달란트와 금 6천 개의 가격은 얼마나 될까요?

금 6천 개=2달란트=약 68kg
2달란트=금 18,133돈
금 1돈=3.75g=약 20만 원
따라서 18,133돈×200,000원=3,626,600,000원

은 1달란트=약 34kg
10달란트=340kg=340,000g
은=1g=약 1천 원
따라서 340,000g×1,000원=340,000,000원

만약 지금의 가치로 본다면
약 40억 원 정도가 된다고 볼 수 있다.

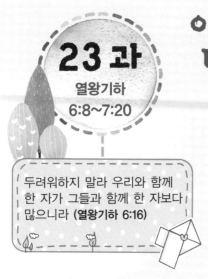

엘리사의 예언이 이루어지다

> 두려워하지 말라 우리와 함께
> 한 자가 그들과 함께 한 자보다
> 많으니라 (열왕기하 6:16)

"성을 에워싸고 개미 새끼 한 마리 나가지 못하게 하라!"

아람 왕 벤하닷이 사마리아를 침략했어요. 성안에는 물과 먹을 것이 떨어져서 아들을 삶아먹는 부모도 있었답니다. 그때 엘리사가 많은 사람들 앞에서 말했어요.

"내일 점심 때면 음식을 배불리 먹을 수 있을 것이요."

그러나 아무도 엘리사의 말을 믿지 않았어요. 이때 나병에 걸려 성 밖에서 사는 네 사람이 있었어요.

"앉아서 죽기를 기다리느니 항복하자!"

이렇게 의논한 네 명은 밤중에 몰래 아람 군대가 있는 곳으로 갔어요.

"아니? 아무도 없네?"

어떻게 된 일일까요? 아람 군인들이 한 명도 없었어요. 하나님께서 큰 군대가 사방에서 쳐들어오는 것 같은 소리를 내셨고, 그 소리를 들은 아람 군인들이 먹던 음식도 그냥 두고 도망쳤던 거예요. 네 사람은 실컷 먹고 성으로 와서 왕에게 이 사실을 알렸어요. 왕은 말을 믿지 못하고 정탐꾼을 보냈어요.

"아람 군대는 한 명도 보이지 않습니다!"

사실을 확인한 정탐꾼이 왕에게 보고했어요. 또 성안에는 갑자기 어디서 쏟아졌는지 곡식이 넘쳐났어요. 백성들은 너도나도 음식을 만들기에 정신이 없었어요. 엘리사의 예언대로 이루어진 거예요.

엘리사의 말이 맞았어!

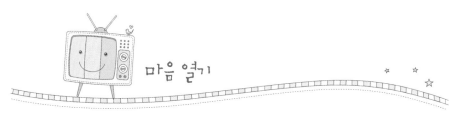

마음 열기

● 누구와 있을 때 가장 기분이 좋나요?

성경 속으로

● 사마리아를 침략한 왕은 누구인가요?

● 밤중에 몰래 아람 군대의 진지로 간 사람들은 누구인가요?

● 아람 군인들은 왜 도망을 갔나요?

생각 펼치기

● 만약에 1주일 동안 물과 음식을 하나도 먹지 못했다면 어떨까요?

● 지금 갑자기 큰 군대가 우리 학교로 공격해온다면 어떻게 해야 할까요?

● 장난감, 게임기, 먹을거리 등은 많은데 사람이 아무도 없다면 나는 어떻게 할까요?

나를 향한 질문

● 나는 성경 말씀이 하나도 틀림이 없다는 것을 믿는가?

BIG - Bible in God

하나님께서 우리를 구원하시는 방법은 사람이 상상할 수 있는 방법을 뛰어넘어요. 힘이 더 강한 아람 군대가 도망갈 것이라고 누가 상상이나 할 수 있었겠어요? 또 그들이 미처 가지고 가지 못한 양식으로 굶주린 배를 배부르게 채우리라고는 생각도 못한 일이었지요. 이런 놀라운 기적이 벌어졌지만 하나님께서는 어떤 대가를 요구하지 않으셨어요. 우리가 할 수 있는 것은 말씀에 순종하고 감사하는 것뿐이에요.

여호와여 주께서 행하신 일이 어찌 그리 크신지요 주의 생각이 매우 깊으시니이다(시편 92:5)

79

가장 배고플 때 먹고 싶은 음식은 무엇인가요? 그려보세요.

가장 빠르게 도망가는 방법을 그림으로 나타내보세요.

도망가는 아람 군대의 모습을 그려보세요.

도전! 아무나 풀지 못하는 성경 퀴즈

1. 그 때에 이 장관이 하나님의 사람에게 대답하여 이르되 여호와께서 (　　　)에 창을 내신들 어찌 이 일이 있으랴 하매 대답하기를 네가 네 눈으로 보리라 그러나 그것을 먹지는 못하리라 하였더니(열왕기하 7:19)

① 문　　　② 집　　　③ 하늘　　　④ 바다

2. 그의 장관에게 (　　　) 이루어졌으니 곧 백성이 성문에서 그를 밟으매 죽었더라(열왕기하 7:29)

① 절대로　　② 그대로　　③ 안 그래도　　④ 소대로

24과

열왕기하
9:1~10:36

가서 장사하려 한즉 그 두골과
발과 그의 손 외에는 찾지 못한
지라 (열왕기하 9:35)

이세벨의 최후

아합 왕의 아들 요람이 왕이 되어 어머니 이세벨과 함께 우상을 섬기고 백성들을 못 살게 굴 때였어요. 엘리사는 젊은 예언자 한 명을 택하여 예후에게 하나님의 말씀을 전하도록 했어요.

"내가 너를 이스라엘 왕으로 세울 것이다. 이세벨에게 벌을 내려 죗값을 치르도록 해라!"

예후는 아합 왕의 호위병이었으나 하나님께서 아합 가문을 심판하는 도구로 택하셨어요. 예후는 사람들을 이끌고 가서 요람 왕을 화살로 쏘아 죽였어요. 그리고 시체는 나봇의 밭에 던지도록 했어요. 나봇의 포도원은 요람의 아버지 아합 왕이 탐을 내자 이세벨이 밭의 주인인 나봇에게 죄를 뒤집어 씌워 죽이고 빼앗은 것이었어요.

이세벨은 예후가 반란을 일으켰다는 것을 알고 두려워하며 창밖을 내다보고 있었어요. 그때 예후가 성문으로 들어오는 것이 보였어요.

"주인을 죽인 반역자가 무슨 일로 오느냐?"

이세벨이 예후를 향해 욕을 하며 소리쳤어요. 예후가 이세벨을 보며 외쳤어요.

"저 여자를 창밖으로 내던져라!"

내시 두 명이 이세벨을 창밖으로 밀어버렸어요. 땅으로 떨어진 이세벨의 시체를 말들이 밟았어요. 또 개들이 달려들어 물어뜯었어요. 엘리야의 예언이 그대로 이루어진 거예요. 온 나라를 우상숭배에 빠지게 했던 이세벨은 하나님의 심판을 받아 처참하게 죽었어요.

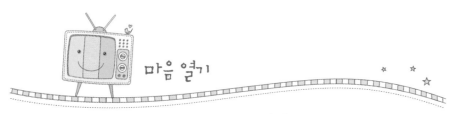

마음 열기

● 가족이 모두 모였다면 무엇을 하고 싶나요?

성경 속으로

● 요람 왕을 죽인 사람은 누구인가요?

● 이세벨은 어떻게 죽었나요?

● 이세벨의 시체를 개들이 물어뜯은 것은 누구의 예언이 이루어진 것인가요?

생각 펼치기

● 이세벨은 왜 비참한 최후를 맞이했나요?

● 지금 잘못한 일이 있다면 어떻게 해야 할까요?

● 다른 사람의 잘못을 보면서 나는 어떻게 해야 하나요?

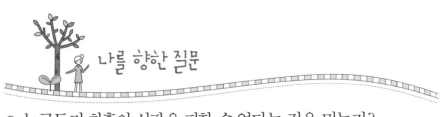

나를 향한 질문

● 누구든지 최후의 심판을 피할 수 없다는 것을 믿는가?

BIG - Bible in God

이세벨의 죽음은 참으로 비참했어요. 이세벨의 죽음은 선지자 엘리야가 이미 예언했던 것이에요. 이것은 하나님께서 엘리야를 통해서 이세벨이 회개할 수 있는 기회를 주신 거였어요. 그러나 이세벨은 그 기회를 스스로 버렸어요. 죄를 회개하지 않고 돌이키지 않는다면 누구나 똑같이 심판을 받을 거예요.

빅 생각

하나님의 심판은 누구도 피할 수 없다.

82

'이세벨의 최후' 이야기를 만화로 그려보세요.

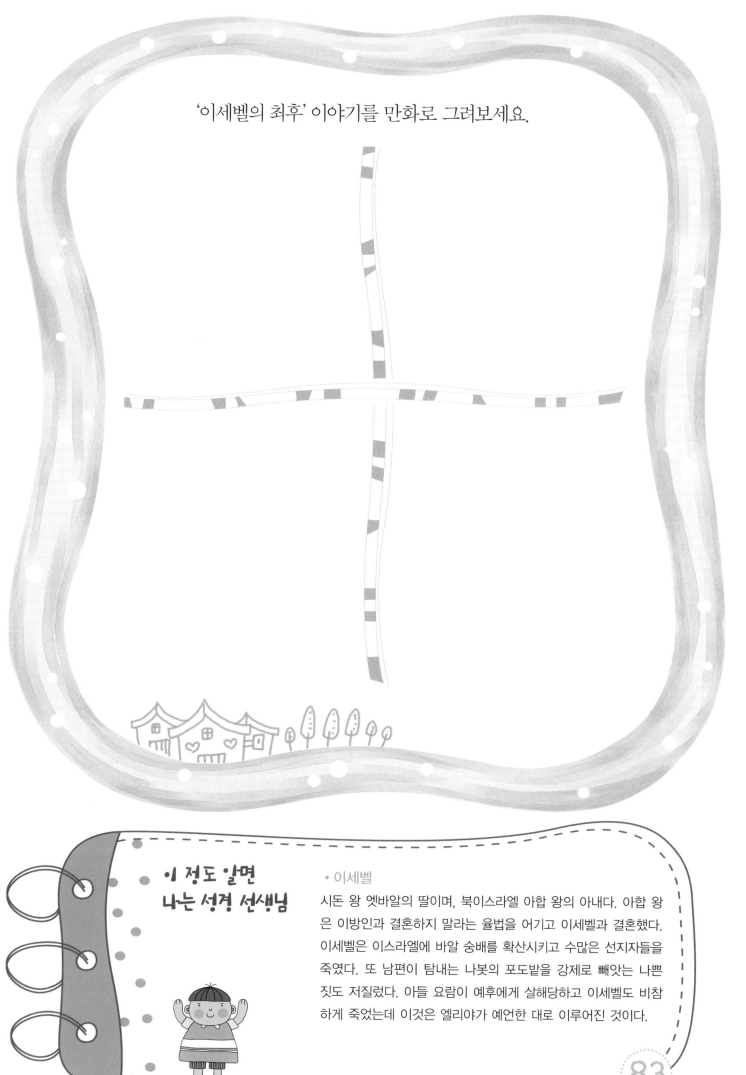

이 정도 알면
나는 성경 선생님

• 이세벨

시돈 왕 엣바알의 딸이며, 북이스라엘 아합 왕의 아내다. 아합 왕은 이방인과 결혼하지 말라는 율법을 어기고 이세벨과 결혼했다. 이세벨은 이스라엘에 바알 숭배를 확산시키고 수많은 선지자들을 죽였다. 또 남편이 탐내는 나봇의 포도밭을 강제로 빼앗는 나쁜 짓도 저질렀다. 아들 요람이 예후에게 살해당하고 이세벨도 비참하게 죽었는데 이것은 엘리야가 예언한 대로 이루어진 것이다.

손자까지 죽인 여왕 아달랴

온 백성이 즐거워하고 온 성이 평온
하더라 아달랴를 무리가 왕궁에서
칼로 죽였더라 (열왕기하 11:20)

"왕의 가족들은 한 명도 남김없이 모두 죽여라!"

아달랴가 명령했어요. 아달랴는 이세벨의 딸인데 남유다의 여호람과 결혼하여 왕비가 되었어요. 그런데 아들인 아하시야 왕이 죽자 손자와 손녀까지 죽이고 자신이 왕이 되었어요.

"성전의 문을 걸어 잠가라! 지금부터는 바알이 우리를 다스리실 것이다!"

아달랴는 백성들에게 바알 신을 섬기도록 강요했어요. 아달랴가 손자들을 죽이자 여호세바가 왕의 아들인 요아스를 육 년 동안 헛간 속에 숨겨 길렀어요. 이를 안 제사장 여호야다가 다윗의 후손인 요아스를 왕으로 세우고자 계획했어요.

제사장 여호야다는 우상을 섬기는 아달랴를 여러 사람들과 힘을 모아 쫓아내기로 했어요. 제사장 여호야다는 요아스에게 기름을 붓고 새로운 왕임을 알렸어요. 백성들은 즐거워하며 나팔을 불었어요.

"요아스 왕 만세!"

아달랴는 죽은 줄로만 알았던 손자가 왕위에 오르는 것을 보고 놀랐어요.

"반역이로구나! 저들을 모두 체포하라!"

그러나 명령을 듣는 사람은 아무도 없었어요. 그를 따르는 사람들은 말이 다니는 문으로 도망을 쳤어요. 아달랴를 비롯해서 그를 따르는 사람들은 모두 죽임을 당했어요. 요아스가 새로운 왕이 되었을 때는 일곱 살이었어요.

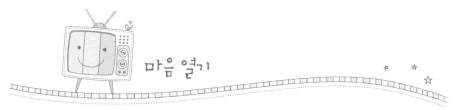

마음 열기

● 10년 뒤에 나는 무엇을 하고 있을까요?

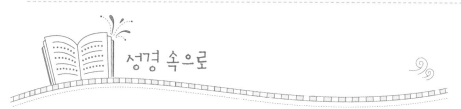

성경 속으로

● 손자와 손녀까지 모두 죽이고 왕이 된 사람은 누구인가요?

● 요아스를 숨겨서 키운 사람은 누구인가요?

● 요아스는 몇 살에 왕이 되었나요?

생각 펼치기

● 손자와 손녀까지 죽이고 왕이 된 아달랴에게 한마디 해보세요.

● 헛간에 숨어서 지내는 요아스에게 무엇을 주면 좋을까요?

● 내가 요아스라면 왕이 된 후에 제사장 여호야다에게 어떤 상을 내릴까요?

나를 향한 질문

● 나는 친척들과 잘 지내는가?

BIG - Bible in God

아달랴는 아하시야 왕의 어머니예요. 아들 아하시야가 일찍 죽게 되자(요람을 병문안하러 갔다가 예후에게 죽임을 당함) 모든 왕족을 죽이고 스스로 왕이 되었어요. 할머니가 손자와 손녀까지 죽였어요. 권력에 눈이 멀었기 때문이에요. 욕심이 지나치고 교만해지면 하나님도 두려워하지 않는 행동을 할 수 있어요. 그러나 아달랴도 하나님의 심판을 피하지는 못했답니다.

하나님은 모든 행위와 모든 은밀한 일을 선악 간에 심판하시리라(전도서 12:14)

85

손자까지도 죽인 아달랴의 마음 속에는 무엇이 들어 있을까요?

할머니가 맛있는 것을 혼자 드시고 나를 안 주신다면 내 마음이 어떨까요? 그려보세요.

요아스가 육 년 동안 숨어서 지낸 헛간을 그려보세요.

이 정도 알면 나는 성경 선생님

• 요아스 왕

일곱 살에 왕위에 올라 여호야다와 함께 종교개혁을 실시하고 허물어진 성전을 건축하는 데 힘을 기울였다. 그러나 여호야다가 죽은 후 이방신 숭배를 허용하여 이에 반대하는 여호야다의 아들을 돌로 쳐서 죽이기도 했다. 아람 왕 하사엘이 쳐들어오자 성전과 왕궁의 금을 모두 모아주고 전쟁을 피했다. 그리고 이를 채우려고 백성들에게 무거운 세금을 거두자 백성들의 불만이 높았다. 결국 신하들의 반역으로 목숨을 잃었다.

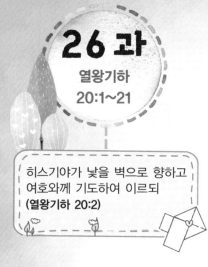

26과
열왕기하
20:1~21

뒤로 물러난 해 그림자

> 히스기야가 낯을 벽으로 향하고
> 여호와께 기도하여 이르되
> (열왕기하 20:2)

"하나님! 저를 불쌍히 여겨주세요!"

히스기야 왕은 며칠 전에 선지자 이사야가 "네가 곧 죽을 것이나."라는 하나님의 말씀을 전해 들었어요. 몸에는 벌써 병명을 알 수 없는 종기가 돋아나고 있었지요. 히스기야는 그동안 하나님만 의지하며 섬겨왔어요.

히스기야는 다윗처럼 하나님을 잘 섬긴 왕이었어요. 간절한 히스기야의 기도에 하나님께서는 말씀하셨어요.

"너의 기도를 들었고 눈물을 보았으니 네가 십오 년을 더 살 것이다."

이사야는 종기를 치료하는 방법을 히스기야에게 알려주었어요.

"무화과 반죽을 가져다가 종기에 바르시오."

히스기야가 종기에 무화과 반죽을 바르자 종기는 씻은 듯이 나았어요. 히스기야 왕은 정말로 생명이 연장되었는지 확인하고 싶었어요.

"하나님이 제 기도를 들어주셨다는 표시를 보여주십시오!"

이사야는 시간을 알기 위해 만들어놓은 해시계를 가리켰어요.

"저 해시계의 해 그림자를 10도 뒤로 물러가게 할 것이요."

이사야의 말이 끝나자 긴 그림자가 반대로 움직였어요.
히스기야는 하나님의 말씀대로 십오 년을 더 살았답니다.

마음 열기

● 오늘 한 일 중에서 제일 기억에 남는 일은 무엇인가요?

성경 속으로

● 히스기야는 몇 년을 더 살게 되었나요?

● 이사야는 히스기야의 종기에 무엇을 바르라고 했나요?

● 히스기야가 자신의 기도를 들어주었다는 징표를 요구하자 이사
야는 무엇을 보여주었나요?

생각 펼치기

● 내가 지금 일 년밖에 살지 못한다면 무엇을 하고 싶나요?

● 내가 원래 죽을 날보다 십 년을 더 살게 된다면 무슨 일을 하고 싶
은가요?

● 울면서 하나님께 기도한 적이 있나요? 무슨 일 때문이었나요?

나를 향한 질문

● 내가 태어난 것은 하나님의 뜻임을 믿는가?

BIG - Bible in God

히스기야는 하나님에게
서 죽음을 선고받았어요.
히스기야는 하나님께 울
면서 매달렸어요. 그는
죽고 사는 것이 하나님의
손에 달렸음을 알았기 때
문에 죽음의 문제를 가지
고 하나님께 나갔어요.
그 결과 그는 십오 년을
더 살게 되었어요. 히스
기야는 자신의 목숨이 더
연장되지 않았어도 하나
님을 원망하지 않았을 거
예요. 죽음의 문제는 전
적으로 하나님의 뜻에 달
렸기 때문이에요.

빅 생각

사람이 태어나고 죽는 것
은 모두 하나님의 뜻에 있
다.

88

'뒤로 물러난 해 그림자' 이야기를 만화로 그려보세요.

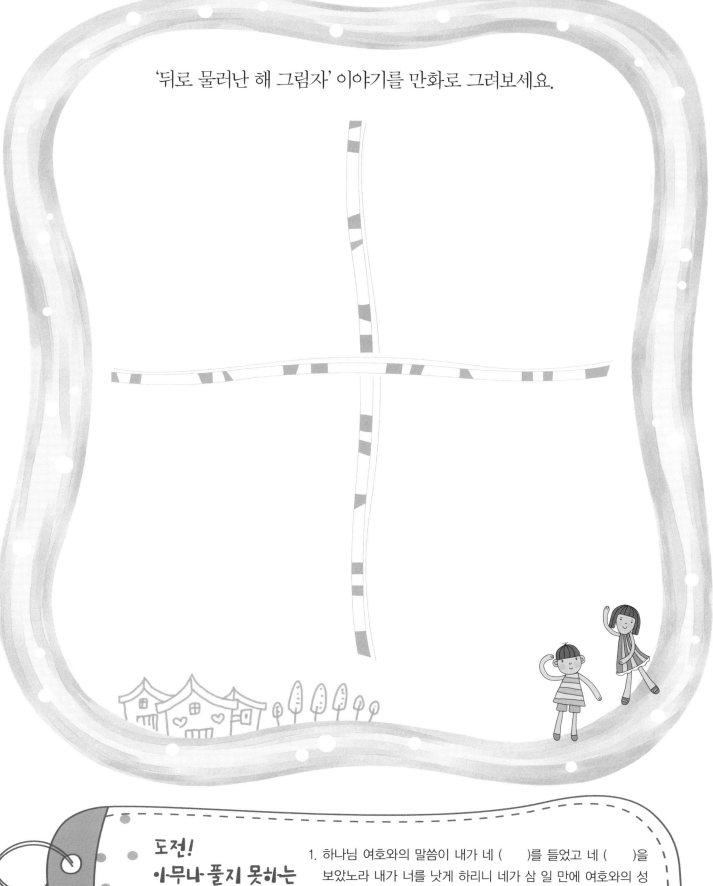

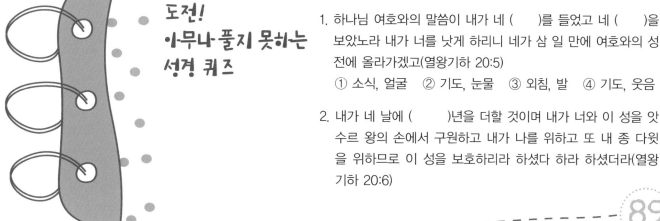

도전!
아무나 풀지 못하는
성경 퀴즈

1. 하나님 여호와의 말씀이 내가 네 (   )를 들었고 네 (   )을 보았노라 내가 너를 낫게 하리니 네가 삼 일 만에 여호와의 성 전에 올라가겠고(열왕기하 20:5)
① 소식, 얼굴   ② 기도, 눈물   ③ 외침, 발   ④ 기도, 웃음

2. 내가 네 날에 (   )년을 더할 것이며 내가 너와 이 성을 앗 수르 왕의 손에서 구원하고 내가 나를 위하고 또 내 종 다윗 을 위하므로 이 성을 보호하리라 하셨다 하라 하셨더라(열왕 기하 20:6)

89

꼭꼭 씹어 먹는 구약4를 정리해봐요

[사무엘서]

1. 자식이 없어서 울던 여자는 누구인가요?(1과)

2. 엘리 제사장의 두 아들 이름은 무엇인가요?(2과)

3. 한나는 사무엘을 누구에게로 데리고 갔나요?(2과)

4. 사무엘은 백성들을 어디로 모이라고 했나요?(3과)

5. 사무엘은 큰 돌을 세우고 이름을 뭐라고 했나요?(3과)

6. 사울의 아버지는 누구인가요?(4과)

7. 사울은 어느 지파에 속했나요?(4과)

8. 하나님께서 사울에게 어느 족속을 공격하라고 하셨나요?(5과)

9. 사무엘은 사울에게 왜 화를 냈나요?(5과)

10. 골리앗은 다윗이 던진 무엇에 맞고 쓰러졌나요?(6과)

11. 다윗의 큰형은 누구인가요?(6과)

12. 다윗을 도와준 친구는 누구인가요?(7과)

13. 사울 왕은 다윗을 왜 미워했나요?(7과)

14. 다윗이 숨어 있던 산의 이름은 무엇인가요?(8과)

15. 다윗은 사울 왕의 머리맡에 있던 무엇을 몰래 가지고 왔나요?(8과)

16. 다윗은 어디에서 왕이 되었나요?(9과)

17. 다윗은 몇 살 때 왕이 되었나요?(9과)

18. 언약궤를 손으로 만졌다가 죽은 사람은 누구인가요?(10과)

19. 다윗을 꾸짖은 선지자는 누구인가요?(12과)

20. 밧세바가 낳은 아기는 며칠 만에 죽었나요?(12과)

21. 아버지 다윗을 배반하고 왕이 된 아들은 누구인가요?(13과)

22. 압살롬은 어떻게 죽었나요?(13과)

[열왕기]

23. 스스로 왕이 되려고 했던 사람은 누구인가요?(14과)

24. 솔로몬에게 기름 부어 왕으로 세운 제사장은 누구인가요?(14과)

25. 솔로몬을 찾아온 두 여자는 무슨 일로 찾아왔나요?(15과)

26. 히람은 무엇을 만드는 기술자였나요?(16과)

27. 성전은 몇 년 동안 지었나요?(16과)

28. 솔로몬을 찾아온 여왕은 누구인가요?(17과)

29. 솔로몬은 몇 년간 나라를 다스렸나요?(17과)

30. 어느 왕 때 이스라엘이 두 나라로 갈라졌나요?(18과)

31. 북이스라엘은 누구를 왕으로 세웠나요?(18과)

32. 여로보암은 어디에 무엇을 만들었나요?(19과)

33. 아합 왕은 누구와 결혼했나요?(20과)

34. 하나님께서는 엘리야를 어디에 숨게 하셨나요?(20과)

35. 엘리야와 바알의 선지자들이 대결한 산의 이름은 무엇인가요?(21과)

36. 나병에 걸려서 엘리사를 찾아온 사람은 누구인가요?(22과)

37. 사마리아를 침략한 왕은 누구인가요?(23과)

38. 이세벨을 죽인 사람은 누구인가요?(24과)

39. 요아스는 몇 년 동안 숨어서 살았나요?(25과)

40. 히스기야는 몇 년을 더 살았나요?(26과)

꼭꼭 씹어 먹는 구약4

• **사무엘은 누구인가요?**

사무엘은 어머니 한나가 하나님께 '아들을 주시면 나실인으로 바치겠다'고 서원 기도하여 태어났다. 기원전 11세기에 활동했던 선지자이며 이스라엘의 마지막 사사이다.

어려서부터 실로에 있던 성전의 엘리 제사장 밑에서 자랐다. 하나님께서는 엘리의 아들들의 악함으로 인하여 사무엘을 이스라엘의 선지자로 세우셨다. 사무엘은 하나님의 명령에 따라 사울에게 기름 부어 사울을 왕으로 세웠다. 그러나 사울이 말씀에 순종하지 않자 다시 이새의 아들 다윗을 왕으로 세워 이스라엘의 왕정시대를 열었다.

• **열왕기서는 어떤 내용이 있나요?**

〈열왕기(列王記)〉는 이스라엘 왕들에 대해서 기록한 책이다. 그러나 역사책은 아니다. 왕들의 실제 업적을 역사적인 관점에서 평가하는 책이 아니라 그들이 하나님 앞에서 어떻게 살았는가를 기준으로 삼은 책이다.

〈열왕기상〉의 앞부분에는 다윗 왕의 말년부터 다윗 왕이 죽고 솔로몬이 왕이 되어 통치한 내용이 기록되어 있으며, 그 이후에는 기원전 721년 북이스라엘 왕국이 망할 때까지의 남유다와 북이스라엘 왕들에 관한 내용이 기록되어 있다.

〈열왕기하〉에는 남유다가 기원전 586년 멸망하기까지의 이야기가 기록되어 있다.

만화로 보는

사무엘,
열왕기서

하나님께서 한나의 기도를 들으시고
사무엘을 주셨어요.

2

하나님께서 자고 있는 사무엘을 부르셨어요. 왜 부르셨을까요?

3

사무엘이 이스라엘의 새로운 지도자가 되었어요. 그런데 에벤에셀은 무슨 뜻일까요?

4

사울이 이스라엘의 초대 왕이 되었어요.

5

왕이 된 사울은 하나님의 명령을 잘 따르지 않았어요.

소년 다윗이 돌멩이로 거인 골리앗을
쓰러뜨렸어요.

다윗과 요나단은 생명을 건 친구가 되었
어요.

다윗은 사울을 죽일 수 있음에도 죽이지
않았어요. 왜 그랬을까요?

사울이 죽고 다윗이 왕이 되었어요.

다윗은 바지가 흘러내리는 줄도 모르고
찬양하며 춤을 추었어요.

다윗은 다른 여인에게 마음을 빼앗겼어요.
다윗은 하나님의 말씀을 어겼어요.

선지자 나단이 다윗의 잘못을 지적했어요.

다윗의 아들 압살롬이 다윗을 몰아내고 대신 왕이 되었어요.

아도니야는 왕이 되려고 했지만 실패하고 솔로몬이 다윗의 뒤를 이어 왕이 되었어요.

어느 날 솔로몬 왕에게 한 아기를 놓고 서로 자기 아기라고 우기는 두 여자가 왔어요. 어떻게 할까요?

솔로몬 왕이 성전을 짓는다는 소식이 알려지자 이웃 나라와 전국에서 사람들이 몰려왔어요.

솔로몬은 오직 하나님만 섬기겠다는 약속을 잊어버리고 우상을 섬겼어요.

이스라엘은 남유다와 북이스라엘로
나누어지게 되었어요.

여로보암 왕은 하나님의 경고를 받고도
우상의 제단을 버리지 않았어요.

아침저녁으로 까마귀가 빵과 고기를 물고
와서 엘리야에게 주었어요.

엘리야의 기도가 끝나기 무섭게
하늘에서 불이 내렸어요.

나아만 장군이 일곱 번째 요단 강물에
담그고 나오자 몸이 어린아이처럼
깨끗하게 되었어요.

아람 군대는 도망갔고 성에는 먹을 것이
넘쳐났어요. 어떻게 된 일일까요?

기억력을 높여주는
성경암송카드 활용법

: 암송카드 만들기
1. 점선을 따라 가위로 그림을 오려냅니다.
2. 펀치로 구멍을 냅니다.
3. 그림 26개를 모아 고리를 끼워줍니다.

: 사용법
1. 카드에 그림을 보여주며 "이게 무슨 내용이지?" 하고 물어봅니다.
2. 뒷면에 있는 말씀을 외우게 합니다.
3. 제목과 요절말씀을 같이 외웁니다.
4. 첫 주에는 1과 요절만 외우도록 합니다.
5. 2주째는 1과 요절과 2과 요절을 같이 외우도록 합니다.
6. 3주째는 1과, 2과, 3과 요절을 같이 외웁니다.
7. 26과를 공부할 때는 26과 요절을 모두 외웁니다.

: 특징과 효과
1. 이미지 연상법으로 요절을 외우게 되어 기억이 오래갑니다.
2. 반복훈련을 통해 뇌의 기억력이 증진됩니다.
3. 영어 단어 외우기도 이런 방법을 따르면 효과가 매우 좋습니다.

2과
사무엘을 부르시는 하나님

사무엘이 자라매 여호와께서 그와 함께
계셔서 그의 말이 하나도 땅에 떨어지지 않게
하시니 (사무엘상 3:19)

1과
하나님이 주신 사무엘

사무엘이라 이름하였으니 이는 내가 여호와께
그를 구하였다 함이더라 (사무엘상 1:20)

4 과

이스라엘 초대 왕 사울

여호와께서 네게 기름을 부으사 그의 기업의
지도자로 삼지 아니하셨느냐 (사무엘상 10:1)

3 과

에벤에셀

사무엘이 돌을 취하여 미스바와 센 사이에
세워 이르되 여호와께서 여기까지 우리를
도우셨다 하고 그 이름을 에벤에셀이라
하니라 (사무엘상 7:12)

6 과

골리앗을 이긴 소년 다윗

나는 만군의 여호와의 이름 곧 네가 모욕하는
이스라엘 군대의 하나님의 이름으로 네게
가노라 (사무엘상 17:45)

5 과

순종이 제사보다 낫다

순종이 제사보다 낫고 듣는 것이 숫양의
기름보다 나으니 (사무엘상 15:22)

8 과
사울의 창과 물병

나는 내 손을 들어 내 주를 해하지
아니하리니 그는 여호와의 기름 부음을 받은
자이기 때문이라 (사무엘상 24:10)

7 과
다윗과 요나단

요나단이 다윗에게 이르되 네 마음의 소원이
무엇이든지 내가 너를 위하여 그것을
이루리라 (사무엘상20:4)

10 과
춤추는 다윗

다윗이 여호와 앞에서 힘을 다하여
춤을 추는데 그 때에 다윗이 베 에봇을
입었더라 (사무엘하6:14)

9 과
왕이 된 다윗

유다 사람들이 와서 거기서 다윗에게
기름을 부어 유다 족속의 왕으로
삼았더라 (사무엘하 2:4)

왕이야 말로
죄를 지은 사람이오!!

12과

왕이 바로 그 사람이오!

주의 얼굴을 내 죄에서 돌이키시고 내 모든
죄악을 지워주소서 (시편 51:9)

11과

다윗과 밧세바

다윗이 행한 그 일이 여호와 보시기에
악하였더라 (사무엘하11:27)

14과

솔로몬이 왕이 되다

제사장 사독이 성막 가운데서 기름 담은
뿔을 가져다가 솔로몬에게 기름을
부으니 (열왕기상 1:39)

13과

아버지를 몰아내고 왕이 된 아들

압살롬의 행함이 이와 같아서 이스라엘
사람의 마음을 압살롬이 훔치니라
(사무엘하15:6)

16과
성전을 짓는 솔로몬

솔로몬이 7년 동안 성전을 건축하였더라
(열왕기상 6:38)

15과
아기를 둘로 나눠라!

지혜로운 마음을 종에게 주사 주의 백성을
재판하여 선악을 분별하게 하옵소서
(열왕기상 3:9)

18과
둘로 갈라진 이스라엘

왕이 이같이 백성의 말을 듣지 아니하였으니
이 일은 여호와께로 말미암아 난 것이라
(열왕기상 12:15)

17과
이방 여인들을 사랑하는 솔로몬

솔로몬이 여호와의 눈앞에서 악을 행하여
그의 아버지 다윗이 여호와를 온전히
따름 같이 따르지 아니하고 (열왕기상 11:6)

20과
엘리야에게 음식을 나르는 까마귀

그 시냇물을 마시라 내가 까마귀들에게
명령하여 거기서 너를 먹이게 하리라
(열왕기상 17:4)

19과
무너진 벧엘의 제단

하나님의 사람이 여호와의 말씀으로 보인
징조대로 제단이 갈라지며 재가 제단에서
쏟아진지라 (열왕기상 13:5)

22과
요단강에서 씻어라!

내가 이제 이스라엘 외에는 온 천하에
신이 없는 줄을 아나이다 (열왕기하 5:15)

21과
거짓 선지자와 엘리야의 대결

그는 하나님이시로다 여호와 그는
하나님이시로다! (열왕기상 18:39)

24과
이세벨의 최후

가서 장사하려 한즉 그 두골과 발과 그의
손 외에는 찾지 못한지라 (열왕기하 9:35)

23과
엘리사의 예언이 이루어지다

두려워하지 말라 우리와 함께 한 자가 그들과
함께 한 자보다 많으니라 (열왕기하 6:16)

26과
뒤로 물러난 해 그림자

히스기야가 낯을 벽으로 향하고 여호와께
기도하여 이르되 (열왕기하 20:2)

25과
손자까지 죽인 여왕 아달랴

온 백성이 즐거워하고 온 성이 평온하더라
아달랴를 무리가 왕궁에서 칼로 죽였더라
(열왕기하 11:20)

제목으로 정리하는 구약 4

▌사무엘

▌열왕기

수 료 증

이름 :

위 어린이는 꼭꼭 씹어 먹는 성경 구약4(사무엘, 열왕기) 과정을 성
실하게 마쳐 성경 실력이 쑥쑥 자랐으므로 이에 칭찬하고 수료증을
드립니다.

어려서부터 성경을 알았나니 성경은 능히 너로 하여금
그리스도 예수 안에 있는 믿음으로 말미암아
구원에 이르는 지혜가 있게 하느니라(디모데후서 3:15)

_____ 교회 주일학교